JN246097

ポスト・オバマのアメリカ

America in the Post-Obama Era

山岸敬和・西川 賢 ◇ 編著

大学教育出版

まえがき

　外国を理解することは難しい。

　いうまでもないことだが、他国は自国とは大きく異なる。自国とは異なる対象を理解するためには、正確で偏りのない知識を持つことが要求される。場合によっては現地に居住したり、現地語を習得したりする必要もあろう。だが、現地語を習得したり、現地に長い期間住み続けたりすることは容易でない場合も多い。

　インターネットやソーシャルメディアが発達した時代においては、おびただしい量の情報が氾濫しており、刻一刻と「情報の洪水」が我々に流入してくる。それらの情報は有用であり、他国を理解するのに役立つ場合も多い。アメリカのニュースは英語さえできれば、誰にでもある程度は理解可能である。また、旅行などでアメリカに一度でも足を運んだという人も少なくないだろう。

　だが、それでアメリカを「正確に偏りなく」理解できるかといえば、そうとは限らない。インターネットにあふれかえる情報の中には信憑性の低い情報も数多く含まれている。誤った情報を鵜呑みにすれば、特定の「地域」に対する歪んだ先入観につながりかねない。

　アメリカの政治や社会には、日本人が直観的に理解することが難しいアメリカ固有の事象が少なくない。それらを基礎知識として正確に理解していなければ、たとえ現地に居住してアメリカの政治を直接体験したとしても、目の前で起きていることの意味を正しく理解し、解釈することはできないだろう。

　情報を取捨選択できるようになるためにも、アメリカで実際に起きていることの意味を自分なりに理解できるようになるためにも、まずはアメリカについて基礎知識をしっかりと学ぶこと、そのうえで、先入観や思い込みをできる限り排して、アメリカという地域を可能な限り正確に理解しようと心が

けること、そのような地道な努力が求められるのではないだろうか。

　もちろん、アメリカを理解しようとする日本人の眼差しは決して完全に「正確」でも「客観的・中立的」でもありえない。だが、明白な事実の誤りを含む知識や党派的・感情的な思い込みに基づいた歪んだ他者理解は、アメリカを知るうえで有益ではない。

　また、われわれは何のためにアメリカを理解する必要があるのか。

　この問いに対して、斎藤眞はかつて以下のように述べた[1]。

　　　アメリカとは何か、いや一体アメリカとは何かという問題はアメリカ人自身によって繰り返し自問自答され、自己確認され、自己主張されてきた問題であった。何故自分はアメリカ人なのか（あるいはアメリカ人になったのか）、そしてアメリカ人とはという二つの問いかけが重なり合ってアメリカ人の心を捉え、揺さぶり、とめどもなく語らしめる〔中略〕このあくことなき自己追求（自己の正体を確かめるという意味で正しくアイデンティティの追求）と自己顕示にはもとよりそれなりの理由がある〔中略〕アメリカ人は自己形成については恐ろしく生真面目なのである。いや、生真面目足らざるを得なかったのである。自己の選んだ道、自己の選んだ社会について言い訳は許されない。

　アメリカと何なのか ―― 斎藤眞が指摘したように、アメリカ人自身によるアメリカ研究は自己のアイデンティティを追求する作業にほかならない。だが、外国人である我々がアメリカという「他者」を理解しようとするとき、我々は「他者」であるアメリカを理解することを通じて、最終的には自国とアメリカとの差異を発見していく。

　つまり、我々にとってアメリカを理解することは、アメリカという「他者を理解すること」を通じて、「より深く自国・自己を理解するためのプロセス」なのである。

　かつて、アメリカを訪問した際の見聞に基づいて『アメリカのデモクラシー』を著したフランス人貴族、アレクシ・ド・トクヴィルは「アメリカの中にアメリカを超えるものを見た」と述べた。トクヴィルの言葉にあるように、アメリカは我々自身を映す鏡なのである。

　現在のアメリカを理解することを通じて、我々は何よりも我々自身をより

深く理解し、新たな自己理解へと到達せねばならない。本書が日本における
アメリカ理解をさらに深める一助となれば、幸いである。

　本書の企画の段階から出版に至るまで、大学教育出版の佐藤守氏、中島美
代子氏には大変お世話になった。ここに感謝の意を表したい。

山岸　敬和・西川　賢

ポスト・オバマのアメリカ

目　次

第 I 部　制　　　度

ポスト・オバマのアメリカ

序　章

歴史的地殻変動の中のオバマ政権

1.　は じ め に

　バラク・オバマ（Barack Obama）政権とは何だったのか。オバマ政権は
アメリカ政治をどのように変え、何を残したのか。また、何を達成できな
かったのか。

　振り返れば、2008 年の選挙でアメリカが初めて黒人の大統領を選出した
ことは世界的な注目を集めた。"Yes, We Can!"、"Change" ── 2008 年の
選挙のスローガンとともに、あのときの熱狂を記憶している人は少なくない
だろう。

　だが、オバマ大統領の治世は多くの人々が思い描いた「夢の 8 年間」では
なかった。無論、オバマ政権は内政・外交両面において、一定の成果を上げ
てきた。

　例えば、内政では 2010 年 3 月 21 日に成立した「患者保護および医療費負
担適正化法（通称オバマケア）」の導入に成功して、皆保険を実現するため
大きく前進した。ほかにも、同性愛者の軍務禁止法、いわゆる「聞かざる言
わざる政策」（"Don't Ask, Don't Tell" 以下 DADT）の撤廃や「反 DV 法」
の成立などの業績もある。

　外交では選挙時からの公約に従い、2010 年 8 月をもってイラクから攻撃
兵器の「責任ある撤収」を実行し、2011 年 12 月にイラク戦争終結を宣言し
ている。このほか、イランとの核合意やキューバとの国交正常化、TPP 大
筋合意などもオバマ政権の外交的成果である。

　しかし、オバマ政権が達成し得なかった目標もまた数多い。オバマ政権の外交・安保戦略は結局不明確なままで、アフガニスタンからの撤退は予定通り実現できておらず、中東ではイスラム国との新たな戦いに引きずり込まれている[1]。

　最大の「公約違反」は、2008 年の選挙でオバマが「アメリカの分断の克服」「アメリカの統一」を強く訴えつつも、それを実現できなかったことであろう。2016 年 1 月の一般教書演説で彼自身が認めたように、オバマ政権は深刻な党派対立に足を取られて望みどおりの成果を達成できず、アメリカの分断はかえって深刻化してしまった。

　2016 年 4 月現在、アメリカでは次の大統領の座をめぐる選挙戦が本格化している。

　2016 年の予備選挙において、共和党各候補は、こぞってオバマ政権の内政・外交を完全な失策と批判し、オバマ政権はアメリカに多くの「負の遺産」を生み出したと主張した。共和党は保守とリベラルに分断されたアメリカの一方の極（保守）であり、民主党のオバマ政権（リベラル）とは異なるアメリカの理想像を追求していると考えられる。

　2016 年の選挙で台風の目になっているドナルド・トランプ（Donald Trump）はどうか。トランプは共和党の候補者であるが、「民主党／リベラルのアメリカ」「共和党／保守のアメリカ」のいずれも厳密には体現していない。

　トランプの主張はリベラルにも保守にも分類しがたく、従来までの民主党の主張とも共和党の主張とも部分的には重なり合うものの、完全には一致しないからである。

　トランプは、リベラルと保守に二分されたアメリカが生み出す果てしないイデオロギー対立と政治的停滞に倦み、絶望したアメリカが生み出した「第三局」なのではないか。その意味でトランプは、アメリカの統一を訴えながら、かえって分断を深める結果を招いたオバマ民主党政権に対するアンチテーゼでもある。

　いずれにせよ、2016 年の大統領選挙は二分されたアメリカの行く末を左右する重要な選挙になる可能性が高い。超大国アメリカの今後を左右すると

いう意味において、2016 年の選挙はわれわれ日本人にとっても、極めて重要な意味を持つ。

　2016 年以降のアメリカ政治、すなわち「ポスト・オバマのアメリカ」を考えていくためには、何よりもオバマ政権が 8 年間で何を達成し、アメリカをどのように変えたのか、そして、何を変えることができなかったのか——本章の冒頭で提示した問いに答える必要があることはいうまでもない。

　この問いに答えを与えるべく、本書の第 I 部では制度、第 II 部ではアクター、第 III 部では政策に大別してオバマ政権を歴史的文脈の中に位置付け、考察している。

　詳細な分析は各章に譲りたいが、序章ではアメリカにおける長期的な人口動態の変化と大統領選挙の長期的変化に注目しつつ、アメリカ政治の変化の見取り図を提示したい。

2.　人口動態から見るアメリカ政治の長期的変化

（1）地　域

　人口動態の変化の中でまず注目すべきなのは地域ごとの変化である。

　表序-1 は、州ごとに人口比で割り当てられた下院議員の議席の推移を示すものである。この数字は下院における政党勢力のバランスを考えるうえで重要な指標の一つである。また、下院議員の割り当て数の変化は、大統領選挙における選挙人団数にも影響を与えるため、大統領候補者の選挙戦略にも少なからぬ影響を与える[2]。

　例えば、ペンシルベニア州は 1900 年には選挙人団の割り当て数が 36 だったが、2010 年には 18 まで減少している。同州は減少数が最も多かった州である。他方、増加数が最も多かったのは、カリフォルニア州である。1900 年には 11 だったものが、2010 年には 53 になっている。このように、全米各州によって人口の増減傾向に違いがあることがわかる。

　アメリカ政治を理解するためには、アメリカを北東部、南部、中西部、西部という地域に大別して理解することも重要である。なぜならば、アメリカ

表序-1　各州に割り当てられた選挙人団の数の推移（1910〜2010 年）

		1910	1920	1930	1940	1950	1960	1970	1980	1990	2000	2010
北東部	Connecticut	5	5	6	6	6	6	6	6	6	5	5
	Maine	4	4	3	3	3	2	2	2	2	2	2
	Massachusetts	16	16	15	14	14	12	12	11	10	10	9
	New Hampshire	2	2	2	2	2	2	2	2	2	2	2
	New Jersey	12	12	14	14	14	15	15	14	13	13	12
	New York	43	43	45	45	43	41	39	34	31	29	27
	Pennsylvania	36	36	34	33	30	27	25	23	21	19	18
	Rhode Island	3	3	2	2	2	2	2	2	2	2	2
	Vermont	2	2	1	1	1	1	1	1	1	1	1
	小計	123	123	122	120	115	108	104	95	88	83	78
南部	Alabama	10	10	9	9	9	8	7	7	7	7	7
	Arkansas	7	7	7	7	6	4	4	4	4	4	4
	Delaware	1	1	1	1	1	1	1	1	1	1	1
	Florida	4	4	5	6	8	12	15	19	23	25	27
	Georgia	12	12	10	10	10	10	10	10	11	13	14
	Kentucky	11	11	9	9	8	7	7	7	6	6	6
	Louisiana	8	8	8	8	8	8	8	8	7	7	6
	Maryland	6	6	6	6	7	8	8	8	8	8	8
	Mississippi	8	8	7	7	6	5	5	5	5	4	4
	North Carolina	10	10	11	12	12	11	11	11	12	13	13
	Oklahoma	8	8	9	8	6	6	6	6	6	5	5
	South Carolina	7	7	6	6	6	6	6	6	6	6	7
	Tennessee	10	10	9	10	9	9	8	9	9	9	9
	Texas	18	18	21	21	22	23	24	27	30	32	36
	Virginia	10	10	9	9	10	10	10	10	11	11	11
	West Virginia	6	6	6	6	6	5	4	4	3	3	3
	小計	136	136	133	135	134	133	134	142	149	154	161
中西部	Illinois	27	27	27	26	25	24	24	22	20	19	18
	Indiana	13	13	12	11	11	11	11	10	10	9	9
	Iowa	11	11	9	8	8	7	6	6	5	5	4
	Kansas	8	8	7	6	6	5	5	5	4	4	4
	Michigan	13	13	17	17	18	19	19	18	16	15	14
	Minnesota	10	10	9	9	9	8	8	8	8	8	8
	Missouri	16	16	13	13	11	10	10	9	9	9	8
	Nebraska	6	6	5	4	4	3	3	3	3	3	3
	North Dakota	3	3	2	2	2	2	1	1	1	1	1
	Ohio	22	22	24	23	23	24	23	21	19	18	16
	South Dakota	3	3	2	2	2	2	2	1	1	1	1
	Wisconsin	11	11	10	10	10	10	9	9	9	8	8
	小計	143	143	137	131	129	125	121	113	105	100	94

西部	Alaska						1	1	1	1	1	1
	Arizona			1	2	2	3	4	5	6	8	9
	California	11	11	20	23	30	38	43	45	52	53	53
	Colorado	4	4	4	4	4	4	5	6	6	7	7
	Hawaii						2	2	2	2	2	2
	Idaho	2	2	2	2	2	2	2	2	2	2	2
	Montana	2	2	2	2	2	2	2	2	1	1	1
	Nevada	1	1	1	1	1	1	1	2	2	3	4
	New Mexico			1	2	2	2	2	3	3	3	3
	Oregon	3	3	3	4	4	4	4	5	5	5	5
	Utah	2	2	2	2	2	2	2	3	3	3	4
	Washington	5	5	6	6	7	7	7	8	9	9	10
	Wyoming	1	1	1	1	1	1	1	1	1	1	1
	小計	31	31	43	49	57	69	76	85	93	98	102
合計		433	433	435	435	435	435	435	435	435	435	435

出所：U.S. Census Bureau, "United States Census 2010: Apportionment Data"〈http://www.census.gov/2010census/data/apportionment-data-text.php〉. 1911 法によりアリゾナ州とニューメキシコ州に 1 議席ずつ与えられて 2 議席増加され、現状の 435 議席となった。

ではこの地域が、それぞれある程度の政治的傾向を持つまとまりとなっているからである。

　大別して言えば、現在の北東部・西部はリベラル色が強く、経済や社会に対する連邦政府の積極的役割を支持し、世俗的な政策を支持する傾向がある。他方、南部は保守色が強く、連邦政府の役割は限定的なものに留めるべきであるとし、宗教（キリスト教）の重要性を強調する傾向がある。中西部はリベラルと保守の中間に位置するといわれる。

　地域ごとに見ると、北東部・中西部が人口を減少させているのに対して、南部・西部が人口を増加させていることがわかる（図序-1）。また、図序-2でわかるように、南部のみが安定した増加率を保ってきている。

　保守的な南部での人口増加は、アメリカ政治に大きな影響を及ぼしていると考えられる。1960 年以降に当選した大統領 10 人のうち、南部出身者が 6 人を占めているのも偶然ではないだろう。また、1980 年代以降、南部を拠点とする保守派は共和党の重要な支持基盤となり、連邦政府の役割を限定的

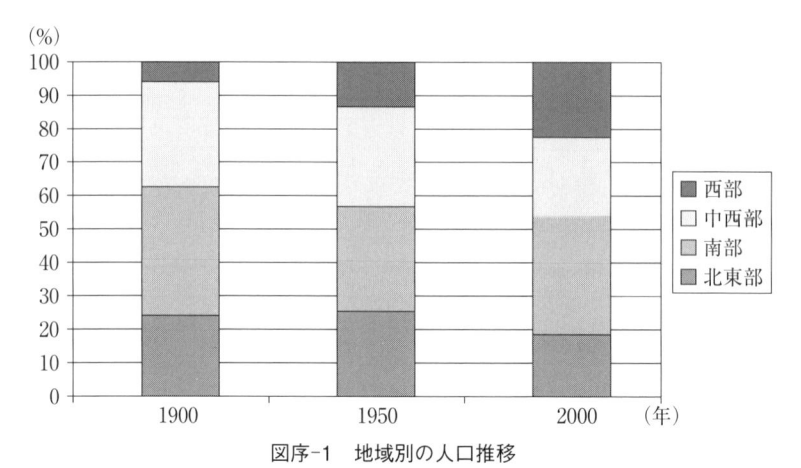

図序-1　地域別の人口推移

出所：U.S. Census Bureau, "Population"〈https://www.census.gov/topics/population.html〉.

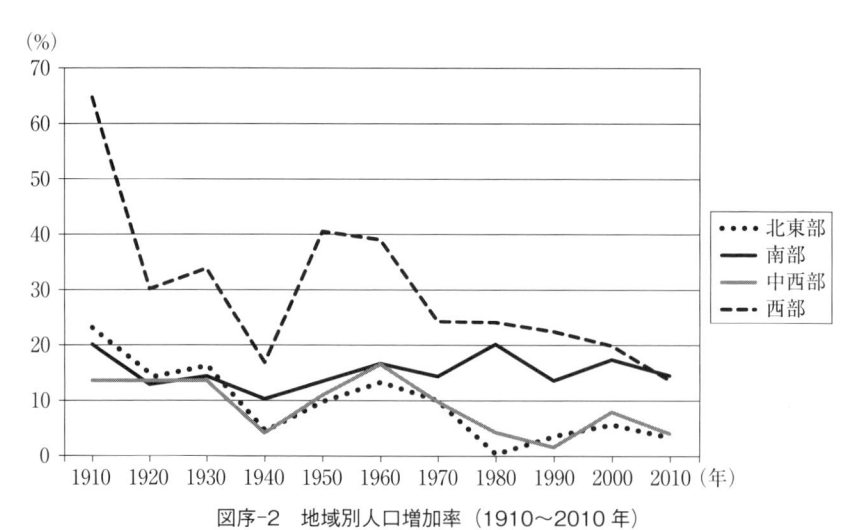

図序-2　地域別人口増加率（1910〜2010 年）

出所：U.S. Census Bureau, "Population"〈https://www.census.gov/topics/population.html〉.
　　　増加率はそれぞれ前回の国勢調査との比較で算出されている。

なものとすることや宗教の重要性を訴え続けてきた。

　オバマ政権に入ってからは南部保守派の影響力はやや下火になったようにも見える。だが、現在においても人口を安定的に増加させ続ける南部の比重

は今後も大きなものであり続け、保守勢力の重要な地盤になると考えられる。

（2）人種・民族

　かつてアメリカは WASP（White Anglo-Saxon Protestant）、すなわちイギリス系白人移民を中心とする国であった。

　建国期以降もアメリカにはイギリス以外の国から移民が流入し続けた。まずはフランス、オランダ、ドイツなどの西欧諸国、あるいは北欧諸国からの移民の流入があった。続いて 19 世紀半ばに増加したのは、本国での飢饉を逃れてやってきたアイルランド移民だった。

　19 世紀後半にかけては、中国系の移民が増加し、19 世紀末になると日本からの移民も西海岸で目立つようになった。そして 1960 年代以降、急速に

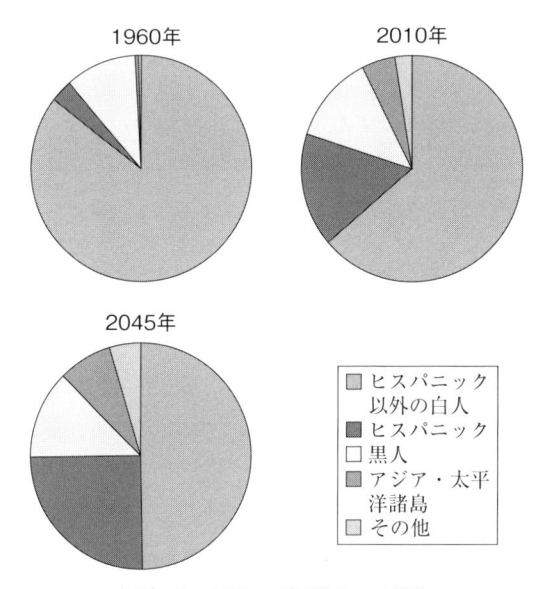

図序-3　人種・民族別の人口推移

出所：U.S. Census Bureau; Brian Gratton and Myron Gutmann eds., *Historical Statistics of the United States: Millennial Edition 1*（Cambridge University Press, 2006）; Jannifer M. Ortman and Christine E. Guarneri, "United States Population Projections: 2000 to 2050"〈https://www.census.gov/population/projections/files/analytical-document09.pdf〉.

増えていったのがヒスパニック系移民である[3]。

　このように、歴史的に見ても移民がつくりあげた国家といってよいアメリカであるが、近年になって大きな変化が起きている。それは、白人（ヒスパニック系除く）の数的優位が揺らぎつつあるということである。図序-3が示しているように、白人の割合は、1960年には85.4％であったのが、2010年には63.7％にまで減少している。この減少傾向は今後も続くと見られており、このまま推移すると、2045年までには白人は少数派に転落すると予測されている。

　他方、増えつつあるヒスパニック系移民は、カトリック教徒が大半を占める。彼らは妊娠中絶や同性愛者間の結婚などの社会的争点ではアメリカ人全体と比較すると、より保守的な態度を取る傾向がある。だが、人種差別の対象になることも多く、経済的に弱い立場に立つ者が多いという面から、社会経済環境の改善のために連邦政府による積極的な役割を期待する傾向も示す[4]。

　民主党・共和党ともに、少数化していく白人にどのように対応するか、そして増加するヒスパニック系有権者を取り込むためにどのような戦略を取っていくのかが問われている。

（3）宗教と年齢

　アメリカでは、メイフラワー号に乗って大西洋を渡ってきたピューリタンが国家の礎を築いたというストーリーが広く知られている。

　合衆国憲法は政教分離を厳格に規定しているものの、建国の経緯・理念にキリスト教が密接に関係していたため、政治家が使うレトリック、あるいは政策の内容などにもキリスト教が間接的に大きな影響を及ぼしている。また、アメリカ人はヨーロッパ地域などの人々と比較した場合において、信仰心が高いことはよく知られている[5]。

　だが、近年のアメリカでは、宗教と政治の役割の関係を考えるにあたって見逃せない変化が生じている。図序-4が示すように、伝統的に支配的な地位を占めてきたプロテスタントの数が1960年代以降は減少傾向に転じ、

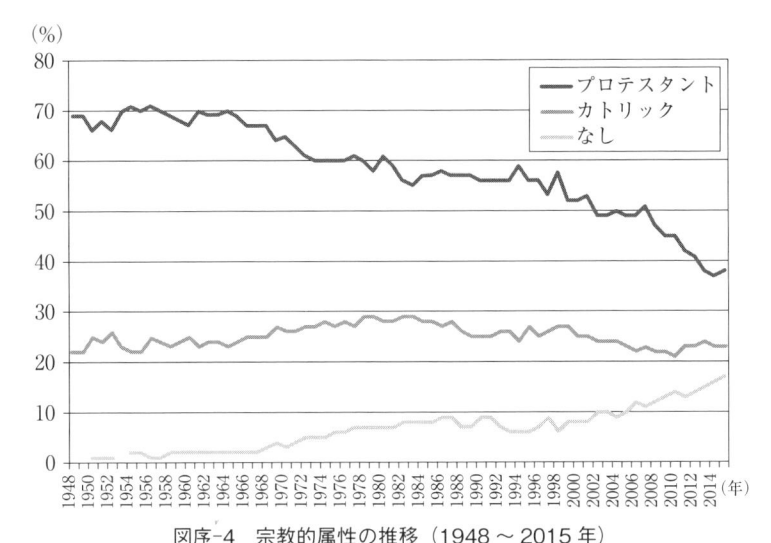

図序-4　宗教的属性の推移（1948 ～ 2015 年）
出所：Gallup, "Religion"〈http://www.gallup.com/poll/1690/religion.aspx〉.

2000 年前半にはついに半数を割った。カトリック教徒もプロテスタントに
比べれば緩やかではあるものの、カトリック教徒が多いヒスパニック系移民
が流入し続けているにもかかわらず、減少している。

　他方、無宗教の人々が 1960 年代末以降に急増している。無宗教層は 1967
年には 2％であったものが、2015 年には 17％まで増加している。

　キリスト教徒の中において、社会的保守性が強いカトリック教徒が一方に
存在する。特にヒスパニック系有権者が増加するにしたがって、カトリック
勢力の政治的影響力はプロテスタントよりも相対的に向上していると見るこ
ともできる。他方、全体としては世俗化の傾向が強まっており、政治と宗教
を結びつけることに反感を抱く素地が定着しつつあるとも考えられる。

　年齢に目を転じると、アメリカの高齢化は日本と比較すれば遅いペースで
進行しつつある。増加しつつあるヒスパニック系移民の平均年齢が若いこと
が高齢化を鈍らせている要因の一つである。だが、ペースが遅いとはいえ、
アメリカにも着実に高齢化の波が押し寄せつつある。

　図序-5 を見ればわかるが、65 歳以上の人口は全体比で 1900 年には 4.1％

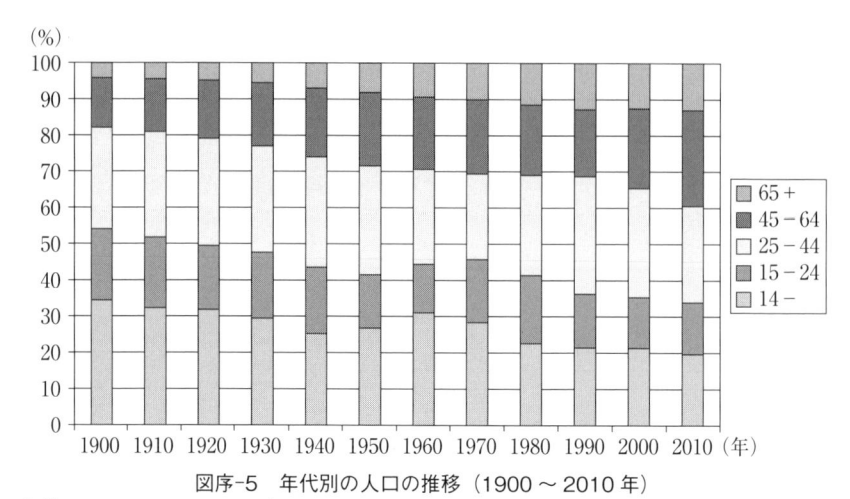

図序-5　年代別の人口の推移（1900 ～ 2010 年）

出所：U.S. Census Bureau, "Demographic Trend in the 20th Century: Census 2000 Special Report"〈http://www.census.gov/prod/2002pubs/censr-4.pdf〉; U.S. Census Bureau, "Age and Sex Composition 2010"〈http://www.census.gov/prod/cen2010/briefs/c2010br-03.pdf〉.

だったものが、1960 年には 9.2%へと上昇、その後 2010 年には 13%に上がった。

　高齢化という人口動態の変化の中で、高齢者の要望をどのように政治に反映させていくのかという課題、そして福祉などの財政負担をどのように課すべきかという課題に同時にどう対処するのかも注目される。

3. 大統領選挙から見るアメリカ政治の長期的変化

（1）二大政党の変化

　アメリカの二大政党には、過去一世紀の間に 2 つの大きな変化が生じた（Thurber, 2013a, 32 ; Thurber, 2013b)[6]。

　第 1 の変化は地理的変化である。すなわち、かつて民主党の金城湯池であった南部が共和党の支持基盤へと移行した。

　事実、大統領選挙の数値を地域ごとに検証した場合、ニュー・イングランド地方やニューヨーク、ペンシルベニア、ニュージャージーの各州、西海岸

諸州（カリフォルニア、ワシントン、オレゴン、ハワイ、アラスカ）などの地方において、以前は共和党が選挙で優位を占めていた。

　ところが、それらの地域において、近年大統領選挙・連邦上下両院選挙・知事選挙のすべてにおいて民主党が優位を保つようになっている。これに対して、南部・境界南部はかつて圧倒的に民主党優位の地域であったものが、近年では共和党の強固な地盤と化している（Stanley, Niemi 2015 : 12）。

　大まかに一般化していえば、民主党は南部から北部へと地盤を移しており、対する共和党は北部から南部へと勢力基盤を移動させている。

　オバマ（民主党）が大統領に当選した 2008 年、そしてウィリアム・タフト（William Taft、共和党）が大統領に当選した 1908 年の大統領選挙の結果を示す地図を見比べてみると、両党の地理的支持基盤はほぼ真逆になっていることが視覚的にも確認可能である。

　第 2 の変化は、黒人の政党支持パターンの変化である。南北戦争以後、長らく共和党を支持してきた黒人は、1960 年代から現在に至るまで民主党の強固な支持基盤に転じている（西川 2015b : 290-292）。

（2）　変化はなぜ起きたのか

　以上の変化はいつ、そしてどのように発生したのだろうか。

　最大の転機と考えられているのは、民主党政権下で 1964 年公民権法、1965 年投票権法が成立したことである。これに反発する保守的な白人中心の南部民主党員は民主党を捨てて共和党に大挙して移籍し、その結果共和党が保守的凝集性を強め、南部を支持基盤にする変化が起きたと考えられている[7]。

　特に、1964 年のバリー・ゴールドウォーター（Barry Goldwater）の共和党大統領候補指名を以上の二大変化の原因と見るのは有力な見解である[8]。

　南北戦争後、人種問題に関しては南部に支持基盤を持つ民主党よりも、「リンカーンの党」である共和党の方がより積極的に黒人を擁護する姿勢をとっていた。対して民主党は、南北戦争後の共和党主導の南部再建策に反発し、黒人の政治的勢力の拡大を警戒する中で南部白人を基盤にして、南部におけ

る強力な民主党一党支配体制を築き上げ、人種隔離政策を推進した。

　だが、ニューディール期（1930 年代）以降、徐々に北部の都市部を中心にニューディール政策に共鳴して共和党から民主党へと支持を転換する黒人が出始めた。1948 年の民主党全国党大会で南部が主張する州権条項が党綱領に盛り込まれず、逆に公民権支持の条項が規定されると、南部代議団は党大会を退場して民主党を離脱する。

　彼らは「州権民主党」を新たに結成した。このように、民主党は 1940 年代には公民権の問題に関しては従来までの保守的な姿勢を変化させ、リベラル化しつつあった。

　これに対して、1950 年代まで共和党は公民権に対して積極的に支持する姿勢を維持していた。だが画期的転機となったのは、共和党が 1964 年の大統領選挙で公民権法に反対票を投じた 6 人の共和党上院議員の一人であるゴールドウォーターを大統領候補に指名したことである。

　これを転機として、人種に関するそれまでの共和党のスタンスは一変し、

表序-2　有権者が民主党／共和党に抱くイメージとその変遷

年度	民主党・好感	民主党・反感	共和党・好感	共和党・反感
1952	労働者の政党	腐敗／汚職	変化のとき	大企業と富裕層の党
1956	労働者の政党	ネガティブ・キャンペーン	アイゼンハワー	大企業と富裕層の党
1960	労働者の政党	政府支出が多すぎる	平和の党	大企業と富裕層の党
1964	労働者の政党	政府支出が多すぎる	保守主義	大企業と富裕層の党
1968	労働者の政党	政府支出が多すぎる	保守主義	大企業と富裕層の党
1972	労働者の政党	マクガバン	保守主義	大企業と富裕層の党
1976	労働者の政党	政府支出が多すぎる	保守主義	大企業と富裕層の党
1980	労働者の政党	福祉・対貧困政策	保守主義	大企業と富裕層の党
1984	労働者の政党	リベラルすぎる	保守主義	大企業と富裕層の党
1988	労働者の政党	リベラルすぎる	保守主義	大企業と富裕層の党
1992	労働者の政党	政府支出が多すぎる	保守主義	大企業と富裕層の党
1996	労働者の政党	大きな政府を肯定	保守主義	大企業と富裕層の党
2000	労働者の政党	大きな政府を肯定	保守主義	大企業と富裕層の党
2004	労働者の政党	リベラルすぎる	保守主義	大企業と富裕層の党

出典：Mark D. Brewer, *Party Images in the American Electorate*, p.18.

共和党が人種問題に関して保守的立場をとり、民主党がリベラルな立場をとる政党に転換するという一大変化が起きた。

　こうして、南北戦争以来民主党の強固な支持基盤であった南部（とその保守的な白人票）は共和党支持に転じることとなり、それと入れ替わりに北部・黒人が民主党の強固な支持基盤になったというわけである。

　以上の変化を受けて、共和党の「イメージ」もそれまでと大きく変化している。マーク・ブリューワ（Mark Brewer）によれば、政党イメージとは有権者が特定の政党に対して抱く「精神的像」である（Brewer 2009 : 5）。

　表序-2 からも明らかなように、1960 年まで共和党を好ましく思う人々があげたのは、「民主党政権が長期にわたるため、そろそろ他の党が良い」「アイゼンハワーが個人的に好き」など、多様な理由であった。しかし、1964 年を転機として、共和党を好ましく思う人々が一貫して指摘し続けているのは「保守主義」である（Edsall, Edsall 1991）。

　1964 年を「転機」として、「リンカーンの党」「北部の党」としての穏健な共和党のイメージは消滅し、「保守の党」「南部の党」としての共和党というイメージが徐々に確立していったのである。

4.　お わ り に

　現在のアメリカは、地域、人種・民族、宗教、年齢などさまざまなプレートが同時に活発に動く「地殻変動」の時期に差し掛かっている。そのような変化がもたらすダイナミズムは二大政党のあり方を大きく変え、政治全体を揺るがしつつある。やや大げさに言えば、近年の人口動態の変化を受けて、二大政党はともに政党を支える支持連合を再構築するための戦略変更を迫られているともいえよう。こうした変化を視野に入れることなしに、ポスト・オバマのアメリカ政治を理解することはできない。個別の具体的議論は本書の各章に委ねるが、オバマ政権は以上のような長期的変化の中で理解されるべきである。

　2008 年・2012 年の大統領選挙において、共和党のミット・ロムニー（Mitt

Romney）はフロリダとバージニアを除く南部や中西部で勝利を収め、民主党のオバマは北東部・西部で勝利している。

　また、ピュー・リサーチ・センターの調査によれば、エスニック・マイノリティは民主党を支持する傾向が顕著であり、黒人は 8 割以上が民主党を支持している。これに対して、白人、キリスト教エバンジェリカル、高齢者層などには共和党の支持者が多い[9]。

　2012 年の選挙でも、黒人有権者の 93％、アジア系有権者の 73％、ヒスパニック系有権者の 71％はオバマに投票している。これに対して、白人の59％はロムニーに投票した。また、56 歳以上の高齢者はロムニー支持者が多く（56％）、29 歳以下の若者にはオバマ支持が多い（60％）。リベラルな有権者はオバマに投票しており（86％）、保守的な有権者はロムニーに投票している（82％）[10]。

　以上の変化について、ロナルド・ブラウンスティン（Ronald Brownstein）は、民主党と共和党は「二つの異なるアメリカ」を体現しているという。共和党がアメリカの変化に不安を感じる保守的な層の連合であるのに対し、民主党は変化の担い手となる革新的な人々の連合だというのである[11]。

　ブラウンスティンがいうように、共和党が変化に怯える人々のみの連合であり、民主党が変化の担い手だけの集合体だとは限らない。だが、アメリカが多くの点で正反対の価値観を持つ「民主党／リベラルのアメリカ」と「共和党／保守のアメリカ」という「2 つのアメリカ」に内部分裂していることは事実だろう。

　そして、アメリカ政治の分裂が、政治に対する大いなる失望を招いていることも見逃してはならない点である。1960 年代以降、政府に対する信頼感は低下傾向にあり、2000 年まで大きく回復することはなかった（久保2010）。近年では政府に対する不信感はさらに増幅し、2013 年 11 月には連邦議会への支持が 9％と歴史的な低さになったことが話題になった[12]。

　アメリカ政治は「地殻変動」がもたらすエネルギーに突き動かされつつ、同時に分裂した政治がもたらす弊害に直面しており、結果的に政治不信が増大するというジレンマを抱えているのである。

　現在の二大政党が体現する「2つの異なるアメリカ」は、そしてオバマ政権は、アメリカ人自身による2つの異なる自己追求そのものを映す「鏡」であるように思われる。

　ポスト・オバマのアメリカにおいて、「2つのアメリカ」はどのように姿を変えていくことだろうか。本書の各章から有益なヒントが得られることを確信している。

注

1)　オバマ政権下の政策については以下などを参照。久保（2013）; 西川（2014）; 西川（2015b）; 田中（2016）.

2)　下院議員の数字に上院議員の数字2が加えられた枠が各州に割り当てられる。また、州としては認められていないワシントンDCにも3の選挙人団が割り当てられている。

3)　アメリカでは、「ヒスパニック」と「ラティーノ」という用語は同義語で使われる場合もある。狭義の用法では、「ラティーノ」はラテン・アメリカ地域を出身とするものという地理的要素が考慮されることが多い。序章では、国勢調査で用いられる用語にそのまま準拠して「ヒスパニック」という用語を使用している。また、奴隷として強制連行された黒人は、いわゆる狭義の「移民」ではないためここには記していない。彼らの多くは1860年代までは市民権を持たされず（正式に人口に数えられず）、さらには1965年の投票権法が成立するまでは多くの黒人が事実上投票権を剥奪されている状態が続いた。

4)　以下を参照。"The Shifting Religious Identity of Latinos in the United States." *Pew Research Center*, May 7, 2014.
　　〈http://www.pewforum.org/2014/05/07/chapter-9-social-and-political-views/〉, 2015年3月15日アクセス.

5)　アメリカのキリスト教をはじめとする宗教と政治との関係性については、以下の文献を参照。森（1996）; 森本（2006）; リプセット（1999）.

6)　この節の記述は以下の論考を参照しつつ、執筆したものである。西川（2015b）; 西川賢「共和党のポスト・レイシャル化？」『東京財団』2014年12月10日.
　　〈http://www.tkfd.or.jp/research/project/news.php?id=1383〉, 2016年3月21日アクセス.

7)　以下の文献を参照。Aldrich（1995）; Aldrich（1999）; Campbell（2007）; Levendusky（2009）; Task Force on Negotiating Agreement on Politics（2013）; 西川（2015b）.

8)　1960年代の政党政治の変化については以下を参照。Brennan（1995）; Perlstein（2001）; Thurber（2013a）; Thurber（2013b）; 西川（2015）.

9) "A Deep Divide into Party Affiliation: Sharp Difference by Race, Gender, Generation, Education," *Pew Research Center,* April 7, 2015.
〈http://www.people-press.org/2015/04/07/a-deep-dive-into-party-affiliation/2/〉, 2016 年 3 月 21 日アクセス.

10) "Exit Polls 2012: How the Votes has Shifted," *Washington Post.*
〈http://www.washingtonpost.com/wp-srv/special/politics/2012-exit-polls/table.html〉, 2016 年 3 月 21 日アクセス.

11) Ronald Brownstein, "Two Versions of America Emerge in the Presidential Campaign," *The Atlantic,* January 20, 2016.
〈http://www.theatlantic.com/politics/archive/2016/01/two-versions-of-america-emerge-in-the-presidential-campaign/458844/〉, 2016 年 3 月 21 日アクセス.

12) 1972 年以降の数字の推移については以下を参照。"Congress and Public," *Gallup.*
〈http://www.gallup.com/poll/1600/congress-public.aspx〉, 2016 年 3 月 22 日アクセス. 2016 年 3 月に行われた世論調査でも、支持 13%、不支持 84% とその数字が大幅に好転したとはいえない。この調査が始まった 1972 年以降、支持が 10% を下回ったことはない。

参考文献一覧
外国語文献

Aldrich, John H., (1995) *Why Parties? The Origin and Transformation of Political Parties in America,* Chicago: The Chicago University Press.

—— (1999) "Political Parties in a Critical Era." *American Politics Research,* 27 (1): 9-32.

Brennan, Mary C. (1995) *Turning Right in the Sixties: the Conservative Capture of the GOP,* Chapel Hill: The University of North Carolina Press.

Brewer, Mark D., (2009) *Party Images in the American Electorate,* New York: Routledge.

Campbell, Andrea Louise (2007) "Parties, Electoral Participation, and Shifting Voting Blocs." in Paul Pierson and Theda Skocpol (eds.) *The Transformation of American Politics: Activists Government and the Rise of Conservatism,* Princeton: Princeton University Press, pp.68-102.

Edsall, Thomas B., Mary D. Edsall (1991) *Chain Reaction: The Impact of Race, Rights, and Taxes on American Politics,* New York: W.W. Norton and Company.

Perlstein, Rick (2001) *Before the Storm: Barry Goldwater and the Unmaking of the American Consensus,* New York: Nation Books.

Stanley, Harold W., Richard G. Niemi (2015) *Vital Statistics on American Politics 2015-2016,* California: CQ Publications.

Thurber, Timothy（2013a）"Race, Region, and the Shadow of the New Deal." in Robert Mason and Iwan Morgan（eds.）*Seeking a New Majority: the Republican Party and American Politics, 1960-1980*, Nashville: Vanderbilt University Press, pp.39-56.

──（2013b）*Republicans and Race: The GOP's Frayed Relationship with African Americans, 1945-1974*, Lawrence: University Press of Kansas.

邦語文献

久保文明（2010）「オバマ大統領の政権運営 ─ 政府に対する不信感に加え有権者のイデオロギー的分裂のなかで何を成し遂げ、どこへ向かうか」久保文明編『オバマ政治を採点する』日本評論社

斎藤眞（1995）『アメリカとは何か』平凡社

田中淳子（2016）「感情的選択と合理的選択のはざまで ─ 混迷に米国大統領選が意味するもの」『外交』第 35 号、pp.78-83

西川賢（2014）「グローバルパワーとしてのアメリカと安全保障 ─『過去』と『未来』からの拘束」『現代の国際政治・第 3 版』（ミネルヴァ書房）、pp.58-84

──（2015a）「バラク・オバマ政権の内政と統治手法 ─ 2014 年中間選挙までの時期を対象に」『立教アメリカン・スタディーズ』第 37 号、pp.39-52

──（2015b）『分極化するアメリカとその起源 ─ 共和党中道路線の盛衰』千倉書房

森孝一（1996）『宗教からよむ「アメリカ」』講談社

森本あんり（2006）『アメリカ・キリスト教史 ─ 理念によって建てられた国の軌跡』新教出版社

リプセット、シーモア（1999）『アメリカ例外論』（上坂昇、金重紘訳）明石書店

第Ⅰ部　制　　度

第 1 章

大統領制
── 議会との協調から単独での政策形成へ

1.　は じ め に

　本章では、アメリカの大統領制の歴史的変容を論じたうえで、バラク・オバマ（Barack Obama）大統領の下で生じた変化をその流れの中に位置付ける。オバマは、「変革」を掲げて 2008 年大統領選挙に勝利した。オバマを選んだアメリカ国民の期待はジョージ W. ブッシュ（George W. Bush）政権からの変化であり、オバマ大統領には政策の転換はもとより、大統領の権限をどのように用いるのかについても、大きな期待がかかっていた。

　G.W. ブッシュ政権の特徴は、単独行動主義（unilateralism）にあった。この言葉は、他国との協調を選ばず、アメリカ単独で目的を実現しようとするブッシュ外交の特徴を示すと同時に、内政におけるブッシュ大統領の権力行使の様態を描写するものでもあった。例えば、議会や裁判所の監視を逃れるようなブッシュ大統領の行動が単独行動主義の表れだとされた（Skowronek 2009 : 2077）。オバマ大統領には政策の転換だけでなく、政策形成における単独行動主義からの決別もまた、求められていた。はたして、オバマ大統領はこのような期待に応えることができたのだろうか。

　本章では、オバマ政権における大統領制の様態の変化を明らかにするために、長期的な大統領制の変容から議論を始める。現在の大統領制をとりまく状況は、200 年以上前に制定された合衆国憲法と、その後の出来事が幾層にも堆積した結果として生じているためである。

　その後に、オバマ政権において成立したいくつかの重要な政策を取り上

げ、それらの政策形成における大統領権限の用いられ方について論じる。結論を先取りしていえば、オバマ大統領は政権初期には議会からの協力を取り付けることで革新的な政策を成立させようと試みるものの、その試みに失敗し、その後は単独での政策形成に注力するようになっていく。

2.　大統領制の変容

（1）　アメリカの大統領制の特性

　アメリカ大統領は、大きな政治的変化を起こすことのできる強力な指導者というイメージで語られることが少なくない。例えば、2003年から戦われたイラク戦争は「ブッシュの戦争」という名称で呼ばれ、2008年に成立した健康保険改革法は「オバマケア」とも呼ばれる。これらの名称は、大統領が政治の中心であるかのようなイメージを想起させる（ウッドワード2003）。

　内政・外交を問わず、大統領がリーダーシップを発揮し、政策を変更していくのだというイメージは、日本政治における首相の役割から連想すれば違和感が少ないかもしれない。日本の首相はあらゆる政策争点について国会での答弁をこなすとともに、毎日のように取材に応え、国民に語りかける。日本の国会で成立する法案のほとんどは内閣提出法案であり、それらが国会で否決されることはまず考えられない。もしもそのようなことがあれば、すぐに政局となり、内閣の総辞職か、国会の解散という事態になる。仮に、アメリカの大統領を日本の首相と同じような存在だと考えれば、大統領がリーダーシップを発揮して政治の先頭に立つことに、何ら違和感はない。

　しかしながら、日本とアメリカは議院内閣制と大統領制という、大きく異なる政治制度を採用している。民主主義という点では共通しているものの、政府内における権限の配分と調整の方法は異なっている。日本の首相は、衆議院の過半数の支持を得ていなければその地位を失うのに対して、アメリカの大統領は連邦議会とは別に選出されており、議会に責任を負うものではない。大統領は議会を解散することはできないし、議会も大統領に不信任を

つきつけることはできず、大統領も連邦議会議員も基本的には任期を全うする。

　ここから、首相と国会の関係と、大統領と議会の関係の間に大きな違いが生じる。すなわち、日本の場合は首相と国会は政治生命を共にしており、国会の協力が政権存続の前提であるのに対して、アメリカの大統領と議会は一蓮托生ではない。つまり、アメリカでは議会からの協力を大統領が常に得られるわけではなく、大統領が政策決定で主導的な役割を果たせるような制度設計になっていないのである。

　このような制度設計は合衆国憲法の起草者たちが狙ったところである。大統領・議会・裁判所の地位と権限を定める合衆国憲法の条文は一度も修正されておらず、現在のアメリカの政治制度の根幹は 200 年以上前の設計そのままである。合衆国憲法の第 1 条では議会、第 2 条では大統領、第 3 条では裁判所の権限が定められており、注目すべき点は、合衆国憲法を起草した建国の父たちが、政策形成の権限を大統領と議会との間で分割する仕組みを設けていたことである。建国の父たちが、大統領に大きな権限を与えなかった理由は、大統領をイギリス国王のような絶対的な権力者にすることを避けるためであった（梅川 2015：20-22）。

　法律の制定にあたっては大統領には法案提出権がなく、法案提出が認められるのは議員のみである。法案審議の主体も議会であり、大統領には、上下両院を通過した法案に対して署名をするか、もしくは拒否をするという選択肢が与えられるに過ぎず、いったん成立した法律に対しては誠実に執行する義務を負う。合衆国憲法の設計では、法律による政策形成の主体はあくまでも議会である。

　また、軍事・外交の領域に眼を転じると、大統領には軍の最高司令官としての地位が与えられるものの、開戦を宣言する権限は議会に付与された。大統領は条約を締結することができるものの、その批准には上院の助言と承認が必要とされた。他方で、行政組織の高官人事については、大統領には指名権が与えられたものの、やはり上院の助言と承認が必要とされた。

　建国の父たちは、一つの部局にあらゆる権限が集中することのないよう、

大統領と議会と裁判所の間で権限を分割し、相互の抑制によって均衡が保たれるように制度を設計した。この仕組みは三権分立制と呼ばれ、アメリカの大統領が政策形成において主導的な役割を果たすことを難しくしている（梅川 2015：4-5）。

　つまり、アメリカ大統領について広く流布している強力な指導者というイメージは、憲法が規定する統治機構と整合的ではなく、アメリカ大統領のリーダーシップを日本の首相になぞらえて理解することは適切ではない。それでは、なぜこのようなイメージが生じたのだろうか。次節では、アメリカ政治秩序における大統領の位置付けが 20 世紀に変容したことを明らかにしつつ、この問いに答えていきたい。

（2）「現代的大統領制」の登場

　19 世紀のアメリカは「政党と裁判所の時代」と呼ばれ、大統領は政治の中心ではなかった（Skowronek 1982：39）。当時の大統領は、民主主義の脅威へと容易に変貌しかねない存在として認識されていたほどである[1]。ところが 19 世紀末になると、この状況に変化が生じた。資本主義経済の発展に伴い、州政府では対処することのできない経済問題が生じ、大統領が問題解決に乗り出すようになった。1901 年に就任したセオドア・ローズヴェルト（Theodore Roosevelt）大統領は、大統領自らが先頭に立って問題を解決することはあくまでも緊急避難であると考えていたが、1913 年に就任したウッドロウ・ウィルソン（Woodrow Wilson）大統領は、それこそ、大統領のあるべき姿だと主張するようになった（Tulis 1987：117；梅川 2015:5）。

　ウィルソン大統領によれば、議会では議員たちが特殊利益の追求にあけくれており、連邦政府は政策を形成することのできない機能不全の状態に陥りつつあった。建国の父たちが想定していたように政府が機能していないのであれば、大統領が議会を先導することによって政策を形成するべきであるというのがウィルソンの考えであり、ここに、政治秩序における大統領の位置付けの変容が生じた（Tulis 1987：119；梅川 2015：24 ）。

　20 世紀の初頭から大統領が問題解決の先頭に立つようになったことは、

この時期に行政命令が増加している事実からも見て取れる。大統領は行政命令によって、議会から与えられた裁量の範囲内で具体的な法執行の方法を行政組織に伝達する。図 1-1 は、1901 年から 2014 年にかけて、各大統領が 4 年の任期の間に行政命令をどれだけ発令したのかを示しており、その数はセオドア・ローズヴェルト政権において急増している。

　ウィルソンによる大統領の位置付けの再解釈に則って、実際に力強いリーダーシップを発揮したのが、大恐慌に直面したフランクリン・ローズヴェルト（Franklin Roosevelt）大統領であった。彼はニューディール政策によってアメリカの経済を立て直すことに貢献した大統領として知られているが、本章の文脈では、大統領をアメリカ政治の中心として固定化したという点がより重要である。これを可能にしたのは、大統領による政策形成能力の獲得であった。

　まず、大統領はホワイトハウスを中心に自らを支える組織を発展させた。現代のアメリカ大統領は、多くの補佐官に支えられて執務を行っているが、大統領が多くのスタッフを抱えるようになったのは 1939 年行政組織再編法（Reorganization Act of 1939）の制定以降である。ホワイトハウスは、秘書のように大統領の執務を助ける人々と、政策決定を直接に補佐する人々から

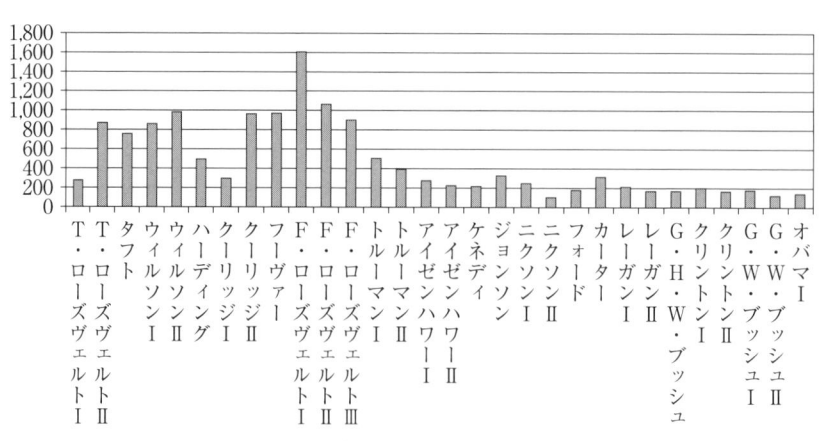

図 1-1　行政命令発令数（1901 ～ 2014 年）

出典：Lyn Ragsdale, *Vital Statistics on the Presidency 4th edition*（Washington D.C.: CQ Press, 2014）より著者作成。

構成されており、大統領は自前の政策形成の専門家に支えられるようになった（廣瀬淳子 2010）。

　次に、ローズヴェルト大統領は、政治的資源を政策に転化させるための手段を、先に挙げた行政命令の他にも獲得した。大統領は行政協定によって他国との取り決めを結ぶようになったのである。図 1-2 は、1901 年から 2014 年にかけて、それぞれの大統領が締結した行政協定と条約の数の変遷を示している。この図からわかるように、フランクリン・ローズヴェルト以降の大統領は、他国との取り決めを結ぶにあたって行政協定を活用するようになったのである。

　最後に、大統領は立法そのものにも介入するようになった。ローズヴェルト大統領がラジオを用いて国民に語りかける「炉辺談話」は、大統領が自らの政策アジェンダを直接国民に訴え、議会における立法に影響を与えようというものであった。大統領による世論の動員は、議会に対して大統領の望む政策を実現させるための大きな圧力となった（Kernell 1997）。

　このように、ローズヴェルト大統領は今日知られているアメリカ大統領制の原型を形成した。19 世紀には、大統領は市民の自由を守るために政治の

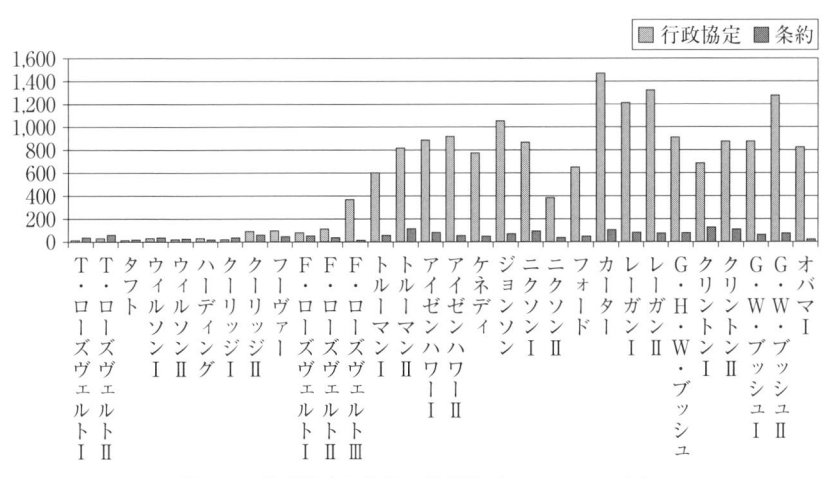

図 1-2　行政協定と条約の締結数（1901 〜 2014 年）

出典：Lyn Ragsdale, *Vital Statistics on the Presidency 4th edition*（Washington D.C.: CQ Press, 2014）より著者作成。

中心に立ってはならないと考えられていたのに対して、20世紀の大統領は、まさに市民のために政治の先頭に立たなければならないと考えられるようになったのである。このような変化は、建国の父たちの制度設計からの大きな逸脱であり、アメリカ大統領制は、19世紀から20世紀にかけて大きな変容を遂げたと理解することができる。ローズヴェルト大統領によって確立された大統領制のあり方は「現代的大統領制」と呼ばれ、ここから、強力な指導力を発揮する大統領という、今日流布しているイメージが生み出されてきたのである（Neustadt 1990 ; Pfiffner 2005 ; 梅川 2015：5-6）。

（3）　イデオロギー的分極化の進展と「現代的大統領制」の動揺

　前節でみたように、20世紀に大統領の位置付けが変わり、「現代的大統領制」が成立した。それでは、この枠組みを用いて、現在のオバマ政権を理解することは可能なのだろうか。この問いに答えるにあたって、「現代的大統領制」の成立を可能にした要因を考えなくてはならない。ローズヴェルト以降の大統領は、「大きな政府」を目標に掲げてさまざまな争点を先頭に立って解決してきたのだが、憲法上の権限との関係は問題であった。「現代的大統領制」が成立したといっても、憲法が改正されたわけではなく、大統領に与えられた権限は建国期と変わるものではなかった。

　合衆国憲法の文言の変更を伴わずに、政治秩序における大統領の位置付けの変化を可能にしていたのは、議会と裁判所による大統領への協力であった。議会は大統領による政策課題の設定を受け入れ、裁判所は大統領による政策形成のための積極的な行動を合憲と判断することで大統領を支えたのである（Ackerman 1993, 2000）。

　このような協力関係は、連邦議会内において、議員たちの間に大きなイデオロギー的な分断が生じていなかったために可能であった。民主党と共和党のどちらにも穏健派が存在しており、「大きな政府」を目指す大統領の政策を両党の合意によって後押しすることが可能であった。裁判所はニューディール政策に対して違憲判決を下したこともあったが、次第に「大きな政府」の路線を認めるようになった。つまり、20世紀になって成立した「現

代的大統領制」とは、「大きな政府」を目指す大統領と議会と裁判所の間の協力関係を前提としていたのである（梅川 2015：26-27）。

大統領と議会と裁判所が協力することによって、合衆国憲法に定められた権限の分割を乗り越えて政策革新を成し遂げていたのだとすれば、そのような協力関係が崩れれば、「現代的大統領制」もまた崩壊していくことになる。事実、1970 年代後半からアメリカ政治は大きな変化を経験する。公民権法の制定によって、南部白人票が民主党から共和党に流れるようになったことをきっかけとして、民主党と共和党がリベラルと保守の政党に整序されるとともに、両党の間には政策選好上の大きな隔たりが生じていったのである。この現象はイデオロギー的分極化の進展[2]と呼ばれる（梅川 2015：26-27）。

議会内部にイデオロギーという深い分断線が引かれるようになった時期に大統領に就任したのが、ロナルド・レーガン（Ronald Reagan）であった。レーガン以降の共和党大統領は「小さな政府」路線へと舵を切り、「大きな政府」を支持する議会民主党と恒常的に対立するようになった（梅川 2015：127）。

このように、「現代的大統領制」を支えていた議会との協力関係という条件が失われたのであるが、大統領にかかる人々の期待はそのような変化が起きた後にも変わらなかった。「現代的大統領制」の下では、大統領こそが大きな政治的変化を起こす主体だとみなされ、人々が大統領に過大な期待をかけることが常態化していたのである。今日でも、多くのアメリカの人々は経済政策や福祉政策をはじめとして、ありとあらゆる政策分野において、大統領が役割を果たすことを期待している（Howell, Brent 2013：1）。

こうして大統領は、「現代的大統領制」を支えていた議会との協力関係を失いながらも、「現代的大統領制」が人々に植え付けた過大な期待に対応することを求められるようになったのである。ここに、議会を頼らずに単独で政策を形成しようという大統領のインセンティブが生まれる。しかしながら、大統領の権限は 200 年以上前に書かれた合衆国憲法の定めるところから変わっていないために、大統領は人々の期待に応えようと単独での政策形成を目指す場合には、どうしても無理を重ねざるを得ない（梅川 2015：26-

27）。

　「現代的大統領制」において大統領は、議会に支えられることで政治を先導してきたが、議会との協調関係が崩れると、大統領は新たな政策形成の手段を模索するようになった。次節では、オバマ大統領がどのように自らの政策目標の実現を図ったかに注目することで、オバマ政権を変容する大統領制の歴史の中に位置付けてみたい。

3.　オバマ政権による議会との協調の試み

　大統領選挙の勝利演説において、「保守でもリベラルでもない、一つのアメリカ」という理念を掲げたオバマ大統領は、連邦政治において超党派による政策形成を模索した。オバマ大統領が就任後まず取り組んだのは、2008年のリーマン・ブラザーズの破綻に端を発した未曾有の経済危機への対応であった。オバマ大統領は、就任直後からホワイトハウスに両党の指導者を招いて協議を行うとともに、ラーム・エマニュエル（Rahm Emanuel）主席補佐官に議会との調整に当たらせた[3]。オバマ大統領は、詳細な法案をホワイトハウスで準備するのではなく、議会にその作成を任せるという戦略をとり、2009年2月17日にアメリカ復興・再投資法（American Recovery and Reinvestment Act of 2009）を成立させた（廣瀬2010：40）。

　それでは、この法律は超党派の合意によって成立したのだろうか。2008年の選挙後、下院では民主党が257議席、共和党が178議席を占め、上院では民主党が59議席、共和党が41議席を占めており、統一政府が実現していた。下院では1月28日に最終的な投票が行われており、賛成244票に対して、反対は188票であった。民主党議員は、反対に回った11名を除いて全員が賛成票を投じ、共和党議員は全員が反対票を投じた。上院では2月10日に61対37で可決され、民主党議員は全員が賛成票を投じ、共和党議員は賛成に回った3名を除いて、反対票を投じた[4]。つまり、オバマ大統領は超党派による合意を目指したものの、アメリカ復興・再投資法は極めて党派的な票決によって成立したのである。

オバマ大統領の一期目のもう一つの大きな立法業績は医療制度改革である（天野 2013：山岸 2014）。その詳細については、第 7 章に譲ることにして、ここでは、2010 年 3 月 30 日に成立した 2010 年医療保険改革調整法（Health Care and Reconciliation Act of 2010）の最終的な票決に注目したい。この法案は 3 月 25 日に上院では 56 対 43 で可決され、下院では 220 対 207 で可決されたが、どちらの投票においても共和党議員で賛成票を投じた者はいなかった[5]。つまり、超党派路線を掲げて政権に就いたオバマ大統領は、一期目の華々しい業績において、共和党の協力を得ることはできなかったのである。

シーダ・スコッチポル（Theda Skocpol）によれば、2008 年選挙に大敗し、疲弊した共和党は、南部の白人層という核となる支持基盤をますます重視するようになったという。大きな政府に反対すべきだと声高に叫ぶ保守派に支えられた共和党指導部は、オバマ政権に反対することで自分たちの政治的得点を伸ばすことができると考えるようになった。共和党指導部は、オバマ大統領が何らかの成果を上げれば、それはオバマ政権を利することになるので、政権に一切協力してはならないと考えたのである。経済危機についても、仮に対応に失敗して失業率が上昇したとしても、それはオバマ政権の失敗であり、次の選挙で共和党を利することになるとさえ考えていた（Skocpol 2012：21-24）。

オバマ大統領は超党派路線を渇望したが、共和党はそれを望まなかったのである。オバマ大統領は、超党派的な議会に支えられることで、アメリカが直面する困難に立ち向かい、選挙で約束したような「変革」を成し遂げようとしたものの、リベラルと保守とのイデオロギー的分極化が進展したワシントン政治において、それは難しいものであった（久保 2010）。

オバマ大統領が議会との関係でさらに難しい状況に置かれるのは、2010 年の中間選挙後のことである。上院では民主党が 6 議席失って 53 議席、共和党は 47 議席を占めた。下院では、民主党が 63 議席失い 193 議席と過半数を割り込み、共和党はその分を伸ばし、242 議席を占めるようになった[6]。

2010 年の共和党の躍進を助けたのは、2009 年 2 月から始まったティー

パーティ運動である。この運動は保守的な白人たちによる「大きな政府」への反対運動であり、頂上団体を持たず、共和党によってコントロールされるものでもなかった（石川 2012：4-6）。ティーパーティ運動によって共和党保守派はグラスルーツを手に入れることになり、共和党のさらなる右傾化が進んだ（Skocpol 2012：62, 70）。

　オバマ大統領と議会との関係性の変化を端的に示すのが図 1-3 である。この図は、1947 年から 2014 年にかけて、どれだけの法律が成立したのかを示している。アメリカでは下院議員の任期である 2 年を議会の会期としており、この図でも会期ごとに集計している。この図からは、2010 年中間選挙によって分割政府状況となった 112 議会において、立法数が減少していることがわかる。2012 年選挙においても共和党が下院の多数派を占めるという状況に変化はなく、113 議会においてもやはり立法数は少ない[7]。このような立法生産性の低さは、分割政府という政治状況と共和党の右傾化からもたらされているものと考えることができる[8]。

　オバマ大統領は、政権発足当初から共和党の協力を得ることができず、議会の多数派を占めた民主党の支援によって重要な立法をかろうじて成立させてきた。しかしながら 2010 年中間選挙によって下院の多数派を共和党に奪

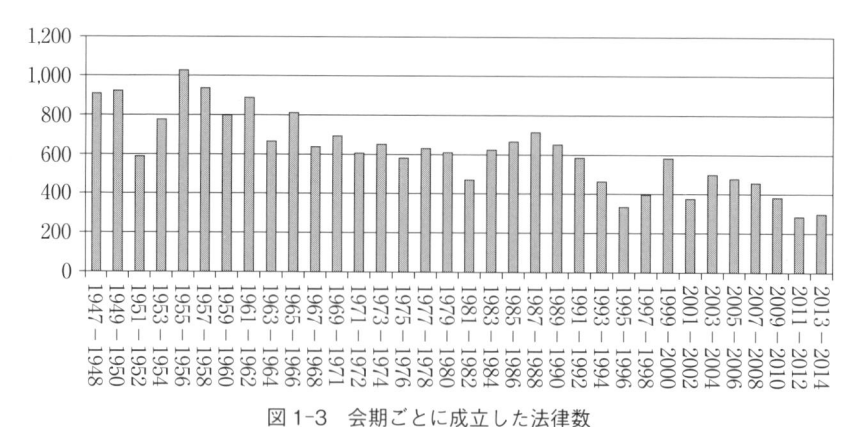

図 1-3　会期ごとに成立した法律数

出典：Vital Statistics on Congress（http://www.brookings.edu/, 2015 年 11 月 25 日アクセス）より著者作成。

われ、立法による政策革新が困難な状況に追い込まれた。そのような状況でも、オバマ大統領の双肩には政策課題の実現という大きな期待がかかっていた。そこで、オバマ政権にとって重要度を増したのが、議会を頼らずに政策を変更・形成する手段であった。

4.　オバマ政権による単独での政策形成の試み

（1）　行政命令から大統領覚書へ

　2011年夏、ワシントン政治の中心は債務上限問題であった。債務上限を引き上げなければ米国債がデフォルトの危機に陥るという状況において、下院共和党はティーパーティ系議員を中心として頑なに反対を続けた。この危機そのものは、期限ぎりぎりの8月2日に2011年予算管理法（Budget Control Act of 2011）が成立したことによって回避されたものの、オバマ大統領はこの出来事を契機に、単独による政策形成を模索するようになった[9]。

　2011年秋、オバマ大統領はホワイトハウスでの会議において、議会による反対に対抗するために、より積極的に大統領権限を行使する必要があると述べたという[10]。10月になると、ホワイトハウスからは、「もう待てない（We Can't Wait）」という新たなスローガンが出された[11]。これは、議会の法案審議をこれ以上待てない、というメッセージであった。オバマ大統領は、「機能しなくなった議会をもう待つことはできない。議会が動かないならば、私がやるべきことをやろう」と述べ、大統領権限を用いて政策を実現すべく動き始めたのである[12]。

　ホワイトハウスは、新しいスローガンの下で45の政策目標を打ち出し、そのうちの6つについては行政命令による実現を予定した。注目に値するのは、リストの先頭を飾った6つの目標が大統領覚書（presidential memorandum）によって達成されるとされていた点である（Lowande, Milkis 2014 : 732）。

　大統領覚書とは、大統領が行政組織に対して具体的な法執行の方法を命令する文書である。その効力は行政組織に対する法的拘束力という面で、行政命令と違いがないとされる。そのため、大統領研究者の中には大統領覚書と

は行政命令の別名にすぎないとする者もいるが、両者はやはり異なるもので
ある（Cooper 2002 : 80）。

　行政命令はすべてに通し番号が振られ、連邦官報に記載され、大統領によ
る命令の根拠法が明示される。他方で、大統領覚書には番号が振られること
はなく、大統領が必要だと認めた場合にのみ連邦官報に記載され、根拠法を
示す必要はない。実のところ、オバマ大統領による行政命令の数は歴代の大
統領の中でも少数にとどまっているが、大統領覚書の利用数は際だって多い
（Lowande 2014 : 735）。

　さらに、行政命令は大統領による権力行使の手段であると一般に広く知
られており、ワシントンでも監視の対象になっているのに対して、大統領覚
書はほとんど認知されていない。アメリカのメディアもたびたび両者を混同
しており、時にはホワイトハウスの報道官でさえ間違えるほどである。例え
ば、後に取り上げる不法移民対策についての大統領覚書について、ジョシュ・
アーネスト（Josh Earnest）報道官は、もしも議会が不法移民対策について
立法を成立させたならば、「大統領は喜んで行政命令を破り捨てるだろう」
と記者会見で述べたことがあったが、この問題に関する行政命令は存在しな
い。アーネストは後に大統領覚書と行政命令を取り違えたと謝罪に及んでい
る[13]。

　大統領にとって、大統領覚書が認知されていないということはメリット
であった。オバマ政権は議会を頼らずに政策を形成しようとしながらも、
G.W. ブッシュ大統領のように大統領権限を濫用していると批判されること
を避けようとしていた。例えばオバマ大統領は、「真実として申し上げる
ことができるが、私が今年出した行政命令の数は、この 100 年間で最も少ない
ものだった」と、自らが抑制的に権力を行使しているとアピールしたことも
ある[14]。実質的な効果の面では行政命令と変わらない大統領覚書は、オバ
マ大統領にとって格好の道具であった。

　さらに、大統領覚書は、一つひとつについて公表するかしないかを大統領
が選択することができ、批判を浴びそうな決定を隠匿することができるとい
う点で大統領にとって好都合である。そのうえ、大統領覚書には、行政命令

のように根拠法を明示する必要がない。例えば大統領は、「合衆国憲法と連邦法の定めるところにより」という漠然とした権限に基づいて命令を下すことができるのである [15]。

　大統領覚書は、そのすべては公開されないという点で、行政命令のように数え上げることが難しいという問題があるが、ケネス・ロワンデ（Kenneth Lowande）の計測によれば、オバマ大統領は 2009 年から 2013 年にかけて 171 の行政命令を出すかたわらで、162 の大統領覚書を出しており、その数はそれまでのどの大統領よりも多いものだという（Lowande 2014 : 731）。

　このように、オバマ政権は行政命令ではなく、大統領覚書という異なる形式を利用することによって議会を迂回する政策形成に乗り出したのである。その最も重要な事例は不法移民対策である。以下では、オバマ政権期の不法移民をめぐる政治を概観し、大統領による一方的な政策変更と大統領覚書について論じることにしたい。

　アメリカでは、国境管理を強化するとともに一部の不法移民に対して合法的な地位を与えるという包括的な政策が、不法移民政策として長らく議論されてきた。2001 年にはそのような内容からなる通称ドリーム法案が審議されたものの、議会を通過することはなかった。同様の法案は、2006 年、2007 年、2010 年と 2011 年に繰り返し提出されたが、いずれも廃案となっている（Delahunty, Yoo 2013 : 787）。

　2011 年の時点で、連邦政府はアメリカ国内に 1,150 万人の不法移民が存在すると見積もっていた。不法移民に対する強制送還の権限は、1952 年移民国籍法（Immigration and Nationality Act of 1952）によって大統領に授権されており、国土安全保障省の市民権・入国管理局（Citizenship and Immigration Services）と移民・関税捜査局（Immigration and Customs Enforcement）がその執行を担っている（Delahunty, Yoo 2013 : 787 ; 梅川 2015 : 91）。

　移民・関税捜査局は毎年 40 万人程度を強制送還しているものの、その数は不法移民の総数のわずか 3 〜 4% に過ぎない。資金に限界があるためである。そこで、市民権・入国管理局と移民・関税捜査局は強制送還の優先順

位を定めている。すなわち、国土安全保障省の下部組織が、誰を強制送還すべきかを実質的に決定しているのである（Delahunty, Yoo 2013 : 787 ; 梅川 2015 : 91）。

　この裁量を梃子にして、オバマ政権はドリーム法の内容の一部を実現しようと試みた。2015 年 6 月 15 日、当時の国土安全保障長官のジャネット・ナポリターノ（Janet Napolitano）は、「若年層向け強制送還延期プログラム（Deferred Action for Childhood Arrivals）」を発表した。これは、16 才以下でアメリカに入国し、少なくとも継続的に 5 年以上アメリカに滞在しており、学生であるか、高校を卒業した者、もしくは高卒認定試験の成績保持者であり、犯罪歴がない者に限って強制送還を 2 年間停止し、さらにアメリカでの就労を認めるというものであった。およそ 120 万人がこのプログラムの対象になると見積もられていた[16]。

　「若年層向け強制送還延期プログラム」は、国土安全保障省が上述のカテゴリーに属する人々の強制送還の措置を裁量によって延期するというものであり、それらの人々に市民権を与えるというものではなかった。しかしながら、国土安全保障省が対象者に就労の権利を認めるという点で、裁量の範囲を踏み越えたとも評価されている（Delahunty, Yoo 2013 : 791）。

　オバマ大統領はこのプログラムについて、「崩壊している移民制度を議会が修復しようとしないのであれば、国土安全保障省がその責任をもって対応にあたる」と宣言するとともに、議会に包括的な移民法を成立させるよう、改めて要求している[17]。

　しかしながら、その後議会が包括的移民法を成立させることはなく、2014 年 11 月 20 日にオバマ大統領はさらに一歩踏み出すことになった。ホワイトハウスでの演説においてオバマ大統領は、米国市民権を持つ子供の親を強制送還の延期の対象にすることを核として、移民制度を改革すると宣言したのである。このプログラムは、「米国市民と永住者の親向け強制送還延期プログラム（Deferred Action for Parents of Americans and Lawful Permanent Residents）」と呼ばれ、約 500 万人の不法移民に合法的な滞在の権利と、就労の権利を認めるというものであった[18]。

　オバマ大統領はこの演説においても、議会における立法の停滞を非難した。2013 年にも包括的移民法案が審議されており、「68 名の上院議員が包括的移民法案に超党派で合意」しており、「仮にその法案が通っていれば、国境管理にあたる人員は倍増され、不法移民には市民権を得る道が開かれるはずであった」という。しかしながら、下院の共和党が票決を拒んだことで法案は廃案になった。そこでオバマ大統領は、「大統領として私に与えられている法的権限に基づき実施できる措置」を講じるのだと宣言した[19]。

　オバマ大統領は、そのような措置は「過去の民主党と共和党の大統領が取ってきたものと同じ措置」であると演説では述べている。しかしながら、大統領が議会から授権された裁量を、議会が拒絶した政策の実施のために用いると宣言し、それを正面から肯定するということは過去の政権には例を見ないものであった（Lowanda, Milkis 2014）。

　同時に、このような措置が行政命令ではなく、大統領覚書という形式で出されたことについても、新しさを認めることができる[20]。11 月 21 日に出された大統領覚書では、オバマ大統領は「合衆国憲法と、連邦法に基づいて」、「移民制度を改革するために」命令を下している。オバマ大統領は具体的にどのような権限に基づいているのかについては何も明示せずに、上述のような大きな政策変更を実現しようと試みたのである[21]。

（2）　署名時声明から政府政策見解へ

　これまで論じてきたように、オバマ大統領は大統領覚書を議会による立法の停滞を乗り越えるための手段として用いてきた。とはいえ、議会はまったく立法を成立させなかったわけではなく、歳出予算法をはじめとした政府の運営に不可欠な立法は成立させてきた。ただし、これらの法律は膨大なオムニバス法の形式をとることが多く、大統領にとって好ましくない条文も挿入されることになる。

　イデオロギー的分極化が進展し、「現代的大統領制」の前提条件が崩れた後の大統領は、署名時声明（signing statement）と呼ばれる文書を法案署名の際に付与し、法案の一部について違憲性を指摘し、不執行を宣言するよ

うになった。G.W. ブッシュ大統領は、この署名時声明という手段によって
制定法の気に入らない部分を無視したが、そのような振る舞いは大統領権限
の濫用であると強く批判された（梅川 2015）。

　先にも述べたように、オバマ政権は単独での政策形成を目指すとともに、
大統領権限の濫用という批判をかわそうともしており、署名時声明の運用に
ついても大統領覚書を用いるようになったのと同様の変化が見られる。

　オバマ大統領は就任後まもなくの 2009 年 3 月 9 日に、行政組織に向けて
署名時声明の運用方針を通達した。オバマはまず、「署名時声明は、政策と
して合意できないということを理由にして、大統領が制定法の条文を無視す
ることを宣言するために用いられてはならない」と述べ、ブッシュ政権期に
問題となった署名時声明の運用を批判した。オバマの指針では、「法案の一
部について違憲であると結論することをできるだけ避けるように」しなけれ
ばならず、もしも違憲だと判断する場合には、「広く共有された憲法解釈に
基づいて、抑制的に判断」しなければならないとされた[22]。このような指
針は、ブッシュ政権からの決別だとして高い評価を受けたものの、実際の署
名時声明の運用において守られることはなかった[23]。

　オバマ大統領は、2009 年 6 月 24 日に 2009 会計年度追加歳出予算法（Su-
pplemental Appropriation Act, 2009）に対して署名時声明を付与したが、
この中で、条文の一部についてブッシュ大統領と同様に無効を主張したので
ある[24]。この一件以降、議会はオバマ大統領による署名時声明を極めて強
く批判するようになり、それを受けてオバマ大統領による署名時声明の運用
は限定的になっていった（梅川 2015：192-195）。

　しかしながら、制定法の一部について無効を宣言するという振る舞いは消
え去ったわけではなく、政府政策見解（statement of administration policy）
とよばれる文書によって、同様の主張が継続的になされるようになった
（Rice 2010, Crouch, Rozell, Sollenberger 2013）。

　政府政策見解は、ホワイトハウスの行政管理予算局が議会に向けて審議
中の法案に対する政権の立場を伝えるものである。この文書が最も重要な
意味を持つのは議会に対して拒否権の脅しをかける場合だと通常理解され

ているが、オバマ政権では新たな運用が見られるようになった（Rice 2010 ; Garvey 2011 : 399)。

　オバマ政権の政府政策見解には、署名時声明とほぼ同様の文言が登場するようになったのである。オバマ政権は、政府政策見解にて変更を求めた箇所が修正されずに法律として成立した場合、政府政策見解における通達を根拠として、大統領による署名がなされたにもかかわらず、特定の条文の執行を拒否するようになった（Rice 2010 ; Garvey 2011 : 399)。

　署名時声明という大統領の道具の知名度は従来低いものだったが、G.W. ブッシュ政権期に広く知られるようになった。オバマ大統領は、大統領権限の濫用という非難を免れるために、批判の多かった署名時声明ではなく、政府政策見解という目立たない方法によって制定法の一部の不執行という振る舞いを継続したのである。これは、行政命令がより認知されていない大統領覚書へとシフトしたのと同様の変化であったと言える。

5.　おわりに

　オバマ政権の特徴は、大統領単独での政策の形成や変更を行うようになり、かつその方法をより目立たないものへと変化させてきたことにある。オバマ大統領は対立的な議会に苦しめられてはいるものの、大統領として政策課題を実現するために大統領覚書や政府政策見解という従来は知られていなかった方法を活用するようになったのである。

　興味深い点は、オバマ政権が大統領単独での政策形成と変更の方法について知名度の低いものを選択しつつ、立法の遅い議会を批判し、正面から大統領単独での政策形成を肯定するようになったことである。オバマ政権はこの点でこれまでの政権から一歩踏み出したと言える。

　オバマ政権による大統領権限の行使の様態は、建国の父たちが想定したような三権分立制からは大きく乖離している。これは現在生じている問題に対応するための変化であり、アメリカ政治の適応力の強さとして肯定的に理解することができると同時に、三権分立制という制度的な均衡からの大統領の

逸脱として否定的に評価することもできる。

　いずれの評価をとるにせよ、オバマ大統領はアメリカの三権分立制のあり方を変容させている。長期的な視点に立てば、「現代的大統領制」がイデオロギー的分極化の進展によって維持不可能になって以降、アメリカの大統領は単独での政策形成の可能性を模索し続けてきたのであり、オバマ政権もその系譜に位置付けることができる。

　オバマ大統領は「変革」を掲げてワシントンに乗り込んだ。確かに、政策という点では、保守からリベラルへと、ブッシュ政権からは大きく舵を切ったかもしれないが、大統領制のあり方という点では、議会との協調ではなく大統領単独での政策形成を目指すという、従来から続く長期的な変容をさらに一歩推し進めたのである。

　このような大統領制の変容は、議会におけるイデオロギー的分極化状況が変化しない限り、オバマ以後の政権でも継続するものと考えられる。オバマ後の大統領が、大統領単独での政策形成に今後も頼らざるを得ないのか、あるいは、政治環境の大きな変化によって再び議会を先導して政策形成を行うようになるのか、アメリカ政治の今後を注視していく必要があるだろう。

注
1) 例えば、今のアメリカ大統領はいつでもテレビやインターネットで見ることができるが、19世紀においては、公にスピーチをすることさえ、デマゴーグになりかねないという理由ではばかられていた（Tulis 1987 : 27）。
2) イデオロギー的分極化の起源についてさらに遡るものとして、西川（2015）がある。
3) Carl Hulse and David M. Herszenhorn, "Senators Reach Deal on Stimulus Plan as Jobs Vanish," *New York Times*, February 6, 2009.
4) House Roll Call 46 (111th Congress), 〈http://clerk.house.gov/evs/2009/roll046.xml〉; Senate Roll Call 60 (111th Congress) 〈http://www.senate.gov/legislative/LIS/roll_call_lists/roll_call_vote_cfm.cfm?congress=111&session=1&vote=00060〉, 2015年11月26日アクセス.
5) House Roll Call 194 (111th Congress), 〈http://clerk.house.gov/evs/2010/roll194.xml〉; Senate Roll Call 105 (111th Congress), 〈http://www.senate.gov/legislative/LIS/roll_call_lists/roll_call_vote_cfm.cfm?congress=111&session=2&vote=00105〉. 2015

年 11 月 26 日アクセス．

6)　Election 2010, *New York Times*, Online, 〈http://elections.nytimes.com/2010/results〉, 2015 年 11 月 26 日アクセス．

7)　Chris Cillizza, "Yes, President Obama is right. The 113th Congress will be the least productive in history," *Washington Post*, April 10, 2014.

8)　デイヴィッド・メイヒューによれば、112 議会と 113 議会の立法数の少なさは、必ずしも、立法生産性の低さにつながるものではないとしている。まずなによりも、議会は重要な立法を成立させている。次に、法律数の少なさは、オムニバス法案増加によってもたらされていると主張している。David Mayhew, "Important laws enacted during the 113th Congress of 2013-14," 〈http://campuspress.yale.edu/davidmayhew/files/2015/05/dataset-DWG-laws-2013-14.pdf〉, 2015 年 11 月 26 日アクセス。

9)　Charlie Savage, "Shift on Executive Power Lets Obama Bypass Rivals," *New York Times*, April 22, 2012.

10)　Ibid.

11)　White House, "We Can't Wait," 〈https://www.whitehouse.gov/economy/jobs/we-cant-wait〉, 2015 年 11 月 26 日アクセス。

12)　Barack Obama, "Remarks in Las Vegas, Nevada," October 24, 2011. *American Presidency Project*, 〈http://www.presidency.ucsb.edu/ws/index.php?pid=96941&st=&st1=〉, 2015 年 11 月 30 日アクセス．

13)　Gregory Kort, "Obama issues 'executive orders by another name'," *USA Today*, Online, December 17, 2014, 〈http://www.usatoday.com/story/news/politics/2014/12/16/obama-presidential-memoranda-executive-orders/20191805/〉, 2015 年 11 月 26 日アクセス．

14)　オバマ政権が、自らを抑制的であるとするアピールは、議会民主党からの援護を受けていた。例えば上院の民主党院内総務を務めるハリー・リード（Harry Reid）は、「共和党は、オバマ大統領が大統領権限を濫用していると批判するが、彼らは、オバマ大統領が過去 50 年間で 2 期務めた大統領の中で、最も少ない数しか行政命令を発令していないということを無視している」と述べている。Ibid.

15)　Barack Obama, "Presidential Memorandum: Improving Repayment Options for Federal Student Loan Borrowers," June 7, 2012. 〈https://www.whitehouse.gov/the-press-office/2012/06/07/presidential-memorandum-improving-repayment-options-federal-student-loan〉, 2015 年 11 月 26 日アクセス．

16)　Department of Homeland Security, "Consideration of Deferred Action for Childhood Arrivals." 〈http://www.uscis.gov/humanitarian/consideration-deferred-action-childhood-arrivals-daca〉, 2015 年 11 月 26 日アクセス．

17)　Barack Obama, "Exclusive: A Nation of Laws and a Nation of Immigrants," *Time*, Online, June 17. 2012. 〈http://ideas.time.com/2012/06/17/a-nation-of-laws-and-a-nation-of-immigrants/〉, 2015 年 11 月 26 日アクセス.

18)　Michael D. Shear, "Obama, Daring Congress, Acts to Overhaul Immigration," *New York Times*, November 20, 2014.

19)　Barack Obama, "Address to the Nation on Immigration Reform," November 20, 2014. 〈http://www.presidency.ucsb.edu/ws/index.php?pid=107923&st=&st1=〉, 2015 年 11 月 26 日アクセス.

20)　Barack Obama, "Presidential Memorandum: Modernizing and Streamlining the U.S. Immigrant Visa System for the 21st Century," November 21, 2014. 〈https://www.whitehouse.gov/the-press-office/2014/11/21/presidential-memorandum-modernizing-and-streamlining-us-immigrant-visa-s〉, 2015 年 11 月 26 日アクセス.

21)　2014 年 11 月に打ち出されたオバマ政権の政策をめぐり、その後、テキサス州をはじめとして、26 の州と州知事が原告となりアメリカ連邦政府を相手に訴訟を起こした。いずれの州も、州知事は共和党員であった。これらの州は、「米国市民と永住者の親向け強制送還延期プログラム」が行政手続法上の規定を満たしていないことを理由にその差し止めを要求した。その後、連邦地方裁判所と第 5 区連邦控訴裁判所はこの差し止めを認めた。同プログラムは 2015 年 11 月現在も実施されておらず、連邦政府は連邦最高裁判所への上告を予定している。Adam Liptaknov, "Obama Administration Asks Supreme Court to Save Immigration Plan," *New York Times*, November 20, 2015.

22)　Barack Obama, "Memorandum for the Heads of Executive Departments and Agencies, Subject: Presidential Signing Statements," March 9, 2009. 〈http://www.whitehouse.gov/the-press-office/memorandum-presidential-signing-statements〉, 2015 年 11 月 26 日アクセス.

23)　Charlie Savage, "Obama Looks to Limit Impact of Tactic Bush Used to Sidestep New Laws," *New York Times*, March 10, 2009.

24)　Barack Obama, "Statement on Signing the Supplemental Appropriations Act, 2009," June 24, 2009. *Public Papers of the Presidents of the United States: Barack Obama, 2009*, 910.

参考文献一覧
外国語文献

Ackerman, Bruce (1993) *We the People, Volume 1: Foundations*, Cambridge: Belknap Press of Harvard University Press.

—— (2000) *We the People, Volume 2: Transformations*, Cambridge; Belknap Press of

Harvard University Press.

Cameron, Charles M.（2000）*Veto Bargaining: Presidents and the Politics of Negative Power*, Cambridge: Cambridge University Press.

Cooper, Phillip J.（2002）*By Order of the President: The Use and Abuse of Executive Direct Action*, Lawrence: University Press of Kansas.

Crouch, J., M. Rozell, and M. Sollenberger（2013）"President Obama's Signing Statements and the Expansion of Executive Power," *Presidential Studies Quarterly*, 43（4）: 883-899.

Delahunty, Robert J., and J. Yoo（2013）"Dream On: The Obama Administration's Nonenforcement of Immigration Laws, the DREAM Act, and the Take Care Clause," *Texas Law Review*,（91）: 781-857.

Garvey, Todd（2011）"The Obama Administration's Evolving Approach to the Signing Statement," *Presidential Studies Quarterly*, 41（2）: 393-407.

Howell, William G., and D. Brent（2013）*Thinking about the Presidency: The Primacy of Power*, Princeton: Princeton University Press.

Kernell, Samuel（1997）*Going Public: New Strategies of Presidential Leadership 3rd edition*, Washington D.C.: CQ Press.

Korzi, Michael J.（2011）"'A Legitimate Function': Reconsidering Presidential Signing Statements," *Congress & the Presidency*, 38（2）: 195-216.

Lowande, Kenneth S.（2014）"After the Orders: Presidential Memoranda and Unilateral Action," *Presidential Studies Quarterly*, 44（4）: 724-741.

Lowande, Kenneth S., and S. Milkis（2014）"'We Can't Wait': Barack Obama, Partisan Polarization and the Administrative Presidency," *The Forum*, 12（1）: 3-27.

Lowi, Theodore J.（1985）*The Personal President: Power Invested, Promise Unfulfilled*, Ithaca: Cornell University Press.

Neustadt, Richard E.（1990）*Presidential Power and the Modern Presidents: The Politics of Leadership from Roosevelt to Reagan*, New York: Free Press.

Pfiffner, James. P.（2005）*The Modern Presidency 4th edition*, Belmont: Thomson Wadsworth.

Rice, Laurie L.（2010）"Statements of Power: Presidential Use of Statements of Administration Policy and Signing Statements in the Legislative Process," *Presidential Studies Quarterly*, 40（4）: 686-707.

Skowronek, Stephen（1982）*Building A New American State: The Expansion of National Administrative Capacities, 1877-1920*, Cambridge: Cambridge University Press.

Skowronek, Stephen（2009）"Conservation Insurgency and Presidential Power: A Developmental Perspective on the Unitary Executive," *Harvard Law Review*, 122: 2077-2103.

Skocpol, Theda（2012）*Obama and America's Political Future*, Cambridge: Harvard University Press.

Tulis, Jeffrey（1987）*The Rhetorical Presidency*, Princeton: Princeton University Press.

邦語文献

天野拓（2013）『オバマの医療改革 ― 国民皆保険制度への苦闘』勁草書房

石川葉菜（2012）「ティーパーティ運動を理解するためのフレームワーク ― 世論調査の横断的な評価」久保文明編『ティーパーティ運動の研究 ― アメリカ保守主義の変容』NTT 出版、pp.4-27

ウッドワード、ボブ（2003）『ブッシュの戦争』伏見威蕃訳、日本経済新聞社

梅川健（2015）『大統領が変えるアメリカの三権分立制 ― 署名時声明をめぐる議会との攻防』 東京大学出版会

久保文明（2010）「政府に対する不信感に加え有権者のイデオロギー的分裂の中で何を成し遂げ、どこへ向かうか」久保文明編『オバマ政治を採点する』日本評論社、pp.2-13

斎藤眞（1995）『アメリカとは何か』平凡社

西川賢（2015）『分極化するアメリカとその起源 ― 共和党中道路線の盛衰』千倉書房

廣瀬淳子（2010）「オバマ政権の大統領行政府とホワイトハウス機構 ― アメリカにおける行政機関の再編」『外国の立法』246 号、pp.3-16

山岸敬和（2014）『アメリカ医療制度の政治史 ― 20 世紀の経験とオバマケア』名古屋大学出版会

第 **2** 章

官僚制
—— オバマによる応答性の追求とその限界

1. はじめに

　大統領が政府を管理・運営し、政策を実施するにあたり、つねに焦点となるのは官僚制のあり方とその行動である。大統領が官僚制または個々の官僚に対して求めるものは、専門知識や経験、自らの掲げる政策やイデオロギーへの支持、各種調整能力など多岐にわたる。先行研究では官僚制に求められる機能に関して、専門性と応答性に分けて論じられる。前者は官僚組織のもつ専門的知識・技術・経験の総体であり、おもに政治的に中立な職業公務員に依拠し、政権交代後も各機関に継承される[1]。一方、後者は官僚制が首長や執政部の意思に的確に応え、行動する能力であり、おもに政治任用職や直属機関の拡充などによって高められる（Kearney, Sinha 1988 : 571-575 ; Rourke 1992 : 539-544 ; 田中 2009 : 3-10 ; 菅原 2015 : 39-41)。

　先行研究では研究の視角や方法に違いはあるものの、官僚制のあり方や行動において 2 つの機能の関係性が重要である点は共通して指摘されている。本章ではバラク・オバマ（Barack Obama）政権期の連邦官僚制に焦点をあて、2 つの機能の動態や関係性を分析することにより、その特徴を明らかにしたい。

　オバマ政権期を通して見られる傾向として、大統領が連邦官僚制の応答性を追求する試みが継続的に確認される。同政権では発足当初より、経済・金融危機やアフガニスタンとイラクにおける戦争に対処しなければならなかったうえ、議会では二大政党のイデオロギー的分極化による膠着状態が続いて

いた。そうしたなか、オバマは政治任用の活用や各種の行政改革により、連邦官僚制の応答性を高め、危機に対処しようとした。本章では、オバマが応答的な官僚制の構築を試みる過程に関して、特に政治任用と行政管理の観点から分析したうえ、そうした取り組みの帰結について考察したい。

2. 連邦官僚制の現代的課題

（1） 資格任用制の導入と専門性の発達

　アメリカでは大統領が自らの意向に沿った政府を形成するにあたり、政治任用が活用されてきた。大統領の官職任命権は合衆国憲法第 2 条第 2 節によって保障されており、建国以来、大統領の貴重な政治資源となっている。

　建国当初、政治任用は一部の見識あるエリートの間の慣行として実施されていたが、トーマス・ジェファーソン（Thomas Jefferson）大統領以降、党派的な猟官制の性格を帯び始め、19 世紀初頭のジャクソニアン・デモクラシー以降、任用の対象が一般の市民にまで拡大した。猟官制は任命権者の裁量を担保し、応答的な政府の形成を可能にした反面、多くの弊害をもたらした。猟官制によって採用された職員は専門知識や経験に乏しく、行政活動の専門性や効率性が損なわれた。また、職員は政党や政治家への従属を強いられたことにより、政治的中立性が阻害され、腐敗や汚職が蔓延した。さらに、政権交代や政治的解任によって更迭人事が繰り返され、行政の継続性も阻害された（今里 2000：169-174；菅原 2009：21-24；Lewis 2008：12-15［稲継監訳 2009：15-19]）。

　19 世紀後半には猟官制の弊害がいっそう深刻化したうえ、専門性に乏しい猟官者では社会の多様化と複雑化に対応することが困難となった。1881年にはジェイムズ・ガーフィールド（James Garfield）大統領が官職を得られなかった猟官者によって暗殺される事件が起こり、改革の気運は一段と高まった。そうしたなか、1883 年に連邦議会において公務員制度法（ペンドルトン法）が制定され、連邦政府の公務員制度に資格任用制が導入された。これは公開の競争試験によって測られた能力を基に、公務員を任命する制度

である（今里 2000：169-186；坂本 2006：42-43；菅原 2009：24-25）。

　資格任用制の導入当初、制度が適用される範囲は限られていたが、その後、急速に拡大した。例えば、1891 年時点では資格任用制の適用率は 21.5% であったが、1951 年には 86.4% に達した（Stanley, Niemi 2015：261）。また、資格任用制の拡充により、官僚制の専門性は飛躍的に高まることとなった。

（2）　応答性の要請

　それでは、官僚制は専門性を高めたことにより、大統領の意向に的確に対応できるようになったのであろうか。

　フランシス・ローク（Francis Rourke）によれば、20 世紀以降、行政国家化を背景として連邦官僚制は自律化を強め、大統領は官僚制の応答性の低下に悩まされることとなった。職業公務員は大きな変化を好まず、所属機関や前政権の方針に同調する傾向が見られたため、大統領は政治任用職を増加させることにより、応答性を向上させようとした。また、従来、省庁組織の職業公務員が担ってきた政策形成機能は、大統領府のような直属機関や、シンクタンク、大学、利益集団などの外部機関によって代替されるようになり、大統領もそれらの機関に依存するようになった（Rourke 1992：539-543）。

　とりわけ大統領府が創設された背景には、20 世紀以降、多様化・複雑化する行政課題に対し、大統領の政策形成能力を高める必要があったことが挙げられる。これまで政策形成を担ってきた省庁組織は肥大化と自律化が進行し、大統領にとっては活用しづらいものとなっていた。1937 年、フランクリン・ローズヴェルト（Franklin D. Roosevelt）大統領は「行政管理に関する大統領諮問委員会（ブラウンロー委員会）」を立ち上げ、大統領の政策形成能力を向上させるための方策を検討させた。その結果、①大統領直属スタッフの大幅な増員、②総合的補佐機関としての大統領府の創設、③主要な行政管理部局の大統領府への移設などが提案された。

　この提案を基に作成された法案が連邦議会に提出され、一度は廃案になったものの、1939 年に行政組織再編法として成立した。当初、大統領府はわずかな部局と少数の職員からなる機関であったが、その後、部局の新設や職

員体制の強化により、巨大な官僚組織へと発展した。その結果、現代では省庁組織とともに、大統領府も各分野の政策形成において主要な役割を担うようになった（今里 2000：9-24；Lewis 2009：2-5）。

　大統領府の拡大に伴い、政治任用職も増加した。例えば、ドワイト・アイゼンハリー（Dwight Eisenhower）大統領は就任当初、ホワイトハウスのスタッフが少ないことに悩まされていたため、新たな政治任用職としてスケジュール C（Schedule C）を創設した。それまで政治任用職は 1,000 程度であったが、これによって新たに約 800 の官職が加えられた。現在、スケジュール C はかつてほど重要な職務を担うことはなくなったが、その数は 1,400 程度にまで増加している（Lewis 2009：5-6；Committee on Oversight and Government Reform 2012：197-200）。

　20 世紀後半以降、政治任用職は大統領が政治を営むうえで、ますます不可欠なものとなっていった。大統領は政治任用の実施に際して、イデオロギー、政治的忠誠心、専門的知識・経験、人種・宗教、政治的関係性など、多様な要素を考慮するようになった。例えば、ジョン・ケネディ（John F. Kennedy）大統領は政府外部から専門家や知識人を多く登用し、ブレーン政治を展開した。また、ロナルド・レーガン（Ronald Reagan）は自らの経済政策に共鳴し、それを補佐する人材を登用した（Lewis 2011：53；Lewis 2008：27-30［稲継監訳 2009：32-36]）。

　一方、政治任用者ばかりでなく、職業公務員に対しても応答性を求める改革が進められた。資格任用制の拡充によって職業公務員の専門性は高まったが、硬直的な制度は大統領と執政部には応答性に欠けるものであった。とりわけ、幹部公務員が管理運営機能を果たすにあたり、セクショナリズムに対抗する広範かつ柔軟な管理能力が求められていた。こうしたなか、ジミー・カーター（Jimmy Carter）政権によって公務員制度改革が実施され、1978 年、公務員制度改革法（Civil Service Reform Act）が成立した。また、同法の成立により、連邦政府に上級幹部公務員制度（Senior Executive Service；以下 SES）が導入された（今里 2000：182-187；坂本 2006：171-173；Lewis 2008：44［稲継監訳 2009：51-52]）。

SES は職業公務員指定職（career reserved position）と一般職（general position）に区分される。一般職には職業公務員に限らず、政治任用者を充てることも可能である。過度な政治化を避けるため、SES の政治任用職は SES 全体の 10％未満、各機関の 25％未満に制限されたが、結果として SES 導入後、政治任用職は大幅に増加した。また、SES によって業績評価制度なども導入され、管理者の裁量も拡大した。このように、SES の導入は政治任用職の増加や柔軟な人事管理をもたらし、連邦官僚制は大統領に対する応答性をいっそう高めることとなった（今里 2000：186-197；坂本 2006：181-185；Lewis 2008：52-54［稲継監訳 2009：62-64]）。

3. オバマ政権における政治任用の動態

（1）政治任用過程の長期化

オバマも歴代の大統領と同様、政権発足当初より、政治任用によって官僚制の応答性を確保しようとした。

総数にして約 3,600 に及ぶ政治任用職のうち、約 1,200 の高級幹部職は任命に際して上院の承認が必要となる[2]。こうした官職は PAS 官職（Positions Subject to Presidential Appointment with Senate Confirmation）と呼ばれ、各省長官、副長官、次官、次官補などの要職が該当する。これらの任命が完了しなければ、政府が機能不全に陥る恐れがあるため、オバマは候補者を迅速に指名し、早期に承認を得ることを目指した。しかし、二大政党のイデオロギー的分極化が進行するなか、政治任用過程は妨害され、承認の獲得は従来以上に苦戦することとなった（稲継他 2008：65-66；菅原 2015：45）[3]。

実際に上院の承認過程は長期化し、第一期オバマ政権発足後の 1 年間に上院の承認を得た PAS 官職の割合は 64％に留まった。他の政権が同時期に承認を得た割合と比較すると、レーガン政権が 86％、ジョージ H.W. ブッシュ（George H. W. Bush）政権が 80％、ビル・クリントン（Bill Clinton）政権が 70％、ジョージ W. ブッシュ（George W. Bush）政権が 74％であり、オバマ政権の遅れは顕著であった（Johannes 2015：219）。

（2）フィリバスターとホールド

　上院の承認過程を妨害する手段として用いられるのが、フィリバスター（filibuster）とホールド（hold）である。

　フィリバスターとは上院における法案や承認案の審議を長時間の演説などによって妨害し、廃案にする議会手法である。上院議事規則によれば、フィリバスターを打ち切るためには 16 名以上の上院議員によって討論終結動議を発議し、上院在籍議員の 5 分の 3 以上の賛成を得る必要がある。ただし、議事規則の解釈変更（2013 年 11 月 21 日可決）により、最高裁判所判事を除く人事承認に関わる討論終結動議は単純過半数の賛成のみで足りる（廣瀬 2014：38-39, 47-49）。近年、フィリバスターは急増しており、その傾向は討論終結動議の数にも表れている。一会期あたりの討論終結動議数は、1917 〜 1970 年には 2.9 回に過ぎなかったが、1991 〜 2012 年には 86.7 回、2013 〜 2014 年には 253 回と急増している。これらは政治任用の承認に関するものに限らないが、少なくともオバマ政権の承認過程はかつてないほどにフィリバスターによる妨害を受けていた（Johannes 2015：175-176）。

　また、ホールドとは上院における法案や承認案の議決に際し、多数党院内総務に申し入れることによって議決を保留する議会慣行である。本来、ホールドは議会への参加が困難な場合を想定して設けられた慣行であるが、近年では、①承認の引き延ばし、②フィリバスターの可能性の示唆、③承認の阻止、④政治的駆け引きなどの目的で用いられている（菅原 2010：32；Johannes 2015：175）。

　オバマ政権期の事例として、メアリー・ランドリュー（Mary Landrieu）上院議員はジェイコブ・ルー（Jacob Lew）の行政管理予算局長への指名に対し、政府がメキシコ湾での原油流出事故以降、原油の採掘を停止したことに反発してホールドを行使した。また、リチャード・シェルビー（Richard Shelby）上院議員は選出州のアラバマ州における連邦軍事施設の建設を要求し、進行中のすべての承認案件にホールドを行使した。こうした対象を限定しないホールドは包括的ホールド（blanket hold）と呼ばれ、ホールドの恣意的な行使として問題視されている（菅原 2010：33；Lewis 2011：56；

Lewis 2012：587-588）。

　ホールドの濫用に批判が集まるなか、現在ではホールドの行使に透明性を確保するため、行使の3日後に公表することが義務付けられている。しかし、同一案件に複数の議員が連続してホールドを行使する場合、この規則は形骸化しており、抜本的解決には至っていない（Johannes 2015；176）。

（3）　休会任命の動向

　承認過程の妨害に対し、歴代大統領が対抗手段として用いたのが休会任命（recess appointment）である。合衆国憲法第2条第2節3項では、上院の休会中に生じた官職の欠員について、次の会期が終わるまでの間、上院の承認を経ずに任命することが認められている。オバマも承認過程が長期化するなか、休会任命によって閉塞状況を打開しようとした。

　一方、これに対して共和党議員が用いたのが、プロフォルマ（Pro Forma）である。合衆国憲法第1条第5節4項によれば、3日間を超える休会は下院の同意が必要であるが、3日間を超えない休みは同意が不要であり、休会にもあたらない。そのため、共和党議員は3日おきに議会を開会し、すぐに散会する行為（プロフォルマ）を繰り返し、休会の状態を作らせないようにした（Hogue 2013：1-11；大林 2014：6-14；Shear 2014；菅原 2015：46）。

　オバマはプロフォルマによる妨害が続くなか、プロフォルマの間の休みにあたる2012年1月4日に休会任命を実施した。その後、この任命の有効性が争われることとなり、連邦最高裁では休会任命の解釈を巡って判事間に意見の相違はあったものの、全会一致で任命は無効であると判断された[4]。この判決は承認過程の妨害に対し、休会任命によって対抗することの難しさを再確認させるものであった（Hogue 2013；Shear 2014；大林 2015：2-26；菅原 2015：46-47）。

（4）　政治任用の偏重による弊害

　近年の政権では政治任用によって官僚制の応答性が追求される傾向が顕著に見られるが、政治任用の偏重によってもたらされる弊害も無視できない。

　第一は、政治任用職の増大による専門性や業績の低下である。デイヴィッド・ルイス（David Lewis）は、定量分析によって政治任用者の管理する事業は職業公務員の管理する事業に比べて業績が劣ることを明らかにしたうえ、大統領が業績を犠牲にしても官僚制を政治化させる背景には、応答性の確保や政治資源としてのパトロネージ（官職任命権）の必要性があることを指摘している（Lewis 2008 : 172-219［稲継監訳 2009 : 198-252]）。

　また、職業公務員の主席行政官の在職期間は平均5〜7年であるのに対し、政治任用者の在職期間は平均2.5年程度に過ぎないため、担当官の頻繁な入れ替わりによって業務に関する知識や技術が継承されず、行政の継続性が阻害されることも懸念される（Lewis 2012 : 590）。

　第二に、政治任用者と職業公務員は職務に対する理念や行動様式が異なるため、それにより軋轢が生じる恐れがある。例えば、政策立案や実施命令は上司の政治任用者が担うが、各機関の業務や内部情報は一般に職業公務員のほうが熟知しており、専門能力と地位の不均衡から対立に発展する場合がある。また、政治任用職の増加により、職業公務員の昇進機会が奪われ、職業公務員の士気や、専門的知識・技術を修得するインセンティヴが低下することも懸念される（Lewis 2011 : 59-60）。

　第三に、近年、政治任用による応答性の確保が難しくなるなか、バロイング（burrowing）と呼ばれる慣行によって応答性を補完する試みが見られる。バロイングとは政治任用者を職業公務員の身分に転換する行為である。こうした行為には当該職員の能力を試験によって確認する手続きがないため、情実による転換が懸念されるが、一定の要件を満たし、所属機関と人事管理庁の審査を経ることにより、職業公務員に転換することが認められている（Schwemle 2012 : 1-8 ; 菅原 2015:47-48）[5]。会計検査院の報告によれば、2005年5月から2009年5月の間には139人の政治任用者が職業公務員に転換している（United States Government Accountability Office 2010 : 1-3）。

　バロイングの問題点として、①政権交代後も前政権の政治任用者が職業公務員の身分で残り続け、新政権が応答的な人事を行えなくなること、②職業公務員が担うべき官職が専門性に乏しい政治任用者によって占有され

ること、③職業公務員の政治的中立性が損なわれること、④職業公務員の
昇進機会を奪い、政治任用者と職業公務員の軋轢を助長する恐れがあるこ
となどが指摘される（Mendelson 2003 : 606-612 ; Eilperin, Leonning 2008 ;
Schwemle 2012 : 1-8 ; 菅原 2015 : 48-50）。

　バロイングは政権移行期に増加するため、今後、オバマ政権においても同
様の行為が増えることが懸念される。2014 年 4 月、国土安全保障省の政治
任用者 3 名が職業公務員への転換を申請していたことが報道された。同省人
事委員の審査により、そのうちの 2 名の申請は見送られたが、1 名に関して
は人事管理庁に申請がなされた。最終的に人事管理庁がその 1 名の申請も却
下したため、本件では 3 名とも職業公務員に転換することはなかったが、今
後もこうした行為を注視する必要がある（Rein 2014）。

4. オバマ政権における行政管理の動態

（1） 成果志向の行政改革

　オバマ政権では、政治任用過程の停滞が顕著に見られるなか、行政管理の
改革を推進し、大統領への応答性を確保しようとした。

　行政管理の改革は第一期政権発足時から継続的に行われており、その多
くは行政命令や大統領覚書などによって実施された（Vlk 2011 : 8-11 ; Naff,
Riccucci, Freyss 2014 : 29-32）。一連の改革は「結果の管理」によって官僚
制の応答性を高めたばかりでなく、効率的・生産的な行政運営の実現により、
専門性を向上させることにも資するものであった。

　オバマは大統領選挙の段階より、政府の効率化や成果志向の行政運営の
実現を訴えていた。選挙活動においては、クリントン政権のナショナル・パ
ブリック・レヴュー（National Public Review ; 以下 NPR）を主導したデイ
ヴィッド・オズボーン（David Osborne）とジョン・カメンスキー（John
Kamensky）を政策顧問に迎え、彼らの助言を基に具体的な政策や手法を提
示し、改革実現までの道筋を明確なものとしていった（Relyea 2008 : 1）。

　オバマは大統領就任後、効率的・生産的な政府の構築に向けた取り組みを

矢継ぎ早に実施した。例えば、①各計画における業績目標の設定、②各機関の業績達成度を公表し、市民参加を促すためのウェブ・サイトの設置、③機関を横断して問題解決にあたる作業チームの編成などが挙げられる。また、行政管理予算局（Office of Management and Budget；以下OMB）を行政改革の中心的機関に位置付けるとともに、OMBの第二位の官職として主席業績管理官（chief performance officer）を新設し、各機関における公契約の合理化や職員採用の迅速化などにも取り組んだ（Vlk 2011：8-11）。

（2）　政府業績成果法の運用

　オバマ政権の行政改革は、クリントン政権から続く成果志向の行政運営を引き継ぎ、深化させるものであった。

　1993年、クリントンはNPRを立ち上げ、従来の非効率な行政運営から脱却し、連邦政府の効率化と活性化を実現するため、成果志向の行政改革を実施した。また、同年、連邦議会において政府業績成果法（Government Performance and Results Act；以下GPRA）が成立したことにより、連邦政府の各機関に業績目標の設定や業績評価の実施が義務付けられることとなった（廣瀬 2006：49；Van Ryzin 2011：745-746）。

　G.W. ブッシュ政権では業績評価格付け指標（Program Assessment and Rating Tool；以下PART）が導入され、成果志向の行政運営がさらに推進された。GPRA と PART は業績目標を設定し、業績を評価する点では共通しているが、相違点も指摘される。GPRA では広く機関全体の運営を成果志向に変えることを主眼としており、評価情報が予算編成に直接的に反映される仕組みは存在しなかった。しかし、PART では機関全体よりも個別施策の成果を重視し、予算編成を行う際の情報として積極的に活用することが企図されていた（安井 2004：28-34；Lewis 2008：172-174［稲継監訳 2009：198-200］；Van Ryzin 2011：745-747）。

　オバマ政権も成果志向の行政改革を実施したが、G.W. ブッシュ政権の導入したPART は継続せず、クリントン政権における GPRA の基本方針を引き継ぐ形となった（Van Ryzin 2011：747）。

　2010年にはGPRAが改正され、連邦政府の各機関が成果志向の行政運営を実施するにあたり、より明確な制度枠組みが示された。新法のおもな内容として、①各機関に対する戦略的目標の設定要請、②各機関に対する年次業績目標の設定要請、③各機関に対する業績報告の要請、④連邦政府全体の優先目標と各機関の優先目標との関連付けの要請、⑤連邦政府全体の目標と各機関の優先目標に関して年4回の業績評価と報告の要請、⑥旧法制定後に設置された、主席運営官、計画改善担当官、政府業績改善会議、政府業績ウェブ・サイトなどに関する法文への記載、⑦プログラム・マネージャーの教育や活動予定表の作成など、新たな行動指針の提示が挙げられる（Naff, Riccucci, Freyss 2014 : 112）。

　成果志向の行政管理は管理者への応答性を高める反面、業績の過度な要求は現場職員にとっては大きな負担となる。それが典型的に表れたのが、2014年6月に発覚した退役軍人省の不祥事であった。

　近年、ヴェトナム戦争の退役軍人が高齢化し、アフガニスタンやイラクの戦争による負傷者も増加したことにより、同省の医療施設では患者が急増し、診察予約の待ち時間が長期化していた。そのため、同省では14日間以内の診察を目標とし、待ち時間を短縮する取り組みを実施した。しかし、この取り組みは職員への負担となり、そうしたなか、アリゾナ州フェニックス市の退役軍人医療センターにおいて診察予約を担当していた職員の不正が発覚した。同職員は同センターの平均待ち時間が実際には115日間であったにもかかわらず、24日間と虚偽の申告をしていた。これを受け、エリック・シンセキ（Eric Shinseki）退役軍人省長官は責任を取って長官職を辞した。その後、民主・共和両党議員の要請によって連邦調査局による調査が行われ、新たに多くの改ざんが発覚し、診察を待つ間に多数の患者が死亡していたことも判明した（Kernell et al. 2015 : 340）。

（3）　人事管理の改革

　オバマは従来の公務員制度の硬直性を打破し、柔軟な人事管理手法を導入することにより、職員採用の機会を拡大し、優秀な人材の確保に努めた。

2010 年 7 月には行政命令 13548 号を発布し、連邦政府における障碍者の雇用を増加させるとともに、平等雇用機会委員会（Equal Employment Opportunity Commission）や OMB 等の機関に対し、障碍者の雇用を拡大し、維持していくためのモデル戦略を策定するよう求めた。また、同年 12 月には行政命令 13562 号を発布し、新卒者や、高校から大学院までの学生の採用における障壁の除去に取り組んだ。とりわけ、就労経験のない学生に対して能力開発の機会を与えるため、インターンシップ事業の再編を実施した（坂本 2012：4, 11-13 ; Naff, Riccucci, Freyss 2014：31）。

　オバマ政権では職員の働き方に対しても柔軟な対応が見られた。

　2010 年 11 月に成立したテレワーク促進法（Telework Enhancement Act）は、各機関の長に対して職場以外での勤務、すなわちテレワークの促進を求めるものであった。これにより、各機関の長はテレワークの適格者を決定するとともに、該当者にテレワークによる業務が可能であることを伝えることが義務付けられた。同法により、職員の勤務地選択に大幅な裁量が付与されたほか、災害時に職場に向かうことが困難な場合にも業務が継続されるよう、管理方法が整備されることとなった（Naff, Riccucci, Freyss 2014：30）。

（4）　労使関係の改善

　効率的・生産的な行政運営を目指すうえでは、良好な労使関係も不可欠である。

　1993 年 10 月、クリントン大統領は行政命令 12871 号を発布し、労使関係の改善を図る諮問機関として国家パートナーシップ会議（National Partnership Council）を創設した。しかし、2001 年 2 月に G. W. ブッシュ大統領の発布した行政命令 13203 号により、同会議は廃止された。また、G. W. ブッシュ政権は国土安全保障省と防衛省において、それぞれ独自の人事管理制度を導入したが、これらは人的資源の有効活用や成果志向の行政運営を目指すものであった反面、職員の労働基本権を著しく制約するものであった。こうした制度には職員や労働組合からの反発も強く、その結果、同政権

では労使関係が悪化していた（Nigro, Kellugh 2014 : 202-203）。

　オバマは大統領就任後、労使関係の改善に取り組むべく、2009 年 12 月に行政命令 13522 号を発布した。これは連邦労使関係会議（National Council on Federal Labor Management Relations）を設置するとともに、現場の労働管理に職員が参加できるよう、各機関に対話の場を設けることなどを求めるものであった。これらは労使紛争に発展する前に、協調的な労使関係によって未然に問題を解決することを企図したものであった（Nigro, Kellough 2014 : 202-203）。

（5）　行政機関再編の試み

　オバマは行政活動の効率化や顧客主義を掲げ、行政機関の再編も試みた。

　2011 年 3 月、オバマは「競争力とイノヴェーションのための政府改革（Government Reform for Competitiveness and Innovation）」と題する大統領覚書を発布し、行政機関の再編を柱として連邦政府の効率化と業績の向上を図る方針を打ち出した[6]。

　歴史的にアメリカでは行政機関の新設や再編は、時限立法の行政組織再編法を制定し、大統領に再編権限を与える形で行われてきた（廣瀬 2010：3-4）。そのため、2012 年 2 月、大統領への再編権限の付与をおもな目的として、政府改革統合法案（Reforming and Consolidating Government Act of 2012）が連邦議会に提出された（Bowles, McMahon 2014 : 295）。

　オバマは同法が成立した暁には、連邦政府の大規模な再編計画に着手しようとしていた。この計画は商務省内の企業活動と貿易に関する部門に、輸出入銀行、海外民間投資公社、中小企業庁、米国貿易開発庁、米国通商代表部を統合したうえ、国家海洋大気庁を内務省に移設するというものであった。しかし、その後、法案は廃案となり、行政組織の再編も実現することはなかった（Hogue 2012 : 34-35）。

5.　お わ り に

　オバマ政権の発足以来、連邦官僚制は議会におけるイデオロギー的分極化の影響を受け続けた。そうしたなか、オバマは連邦官僚制の応答性を追求し、とりわけ政治任用を重視したが、共和党の抵抗を受けるなか、任用過程は停滞していた。また、上院の承認手続きを回避するために実施した休会任命も共和党のプロフォルマによって妨害され、連邦最高裁においても政権の主張は認められなかった。このようにオバマ大統領は政治任用によって官僚制の応答性を追求したが、その試みは成功したとは言い難い。

　一方、行政管理の面では一定の成果も見られた。オバマ政権では成果志向の行政改革を推進することにより、執政部による官僚制の統制が着実に進んだ。これらは NPR 以来の新自由主義的な行政改革の流れに位置付けられるものであった。

　一連の改革は、オバマ政権にとっては官僚制の効率性や業績とともに、大統領と執政部の主導性を高めたという意味において、専門性と応答性の両面に資するものであった。また、改革においては法制化よりも行政命令や大統領覚書などを多用することにより、議会における分極化の影響もある程度、回避することができた。くわえて、効率性や業績の向上を企図した改革は、「小さな政府」を目指す共和党の立場と重なる部分もあり、政治任用過程とは対照的に共和党からの強い抵抗を受けずに実施することが可能であった。その意味では、新自由主義的な行政改革は、分極化の進む二大政党にとって一つの妥協点になりつつある。

　しかし、大規模な支出を伴う政策や政府保障を前提とした政策では、今後も政治の膠着状況や政府の機能不全に陥ることが懸念される。それが典型的に表れたのが、2013 年 10 月に発生した連邦政府機関の閉鎖であった。連邦議会においてオバマケア関連予算を巡る攻防が続くなか、2014 年度の暫定予算が成立せず、連邦政府の主要機関が 2 週間以上も閉鎖されたことは記憶に新しい（Kettl 2015 : 315-316）。

　そのため、今後もイデオロギー的分極化は、連邦官僚制のあり方や行動に大きな影響を与え続けることが予想される。

　建国以来、連邦官僚制は、大統領と議会、連邦と州、大統領と省庁組織、政治任用者と職業公務員など、多様なジレンマのなかで維持されてきた。その意味では、もし理想的な官僚制のあり方が存在するならば、どちらか一方が全面化したようなものとは考え難い。イデオロギー的分極化の時代には、保守とリベラルの緊張関係のなかに、理想的な官僚制のあり方が絶えず模索されていくのかもしれない。

注

1)　ロークは「応答性」と対置する概念として「中立的能力 (neutral competence)」を指摘している。これは「公選職の人物が国家政策を策定するにあたり、その人物の政治的な説得の有無にかかわらず、有益な情報や無私無欲な助言を求めることのできる官僚組織」に依拠した「豊富な知識や技術」のことである (Rourke 1992 : 539)。「中立的能力」という表現では官僚制の政治的中立性がより強調されるが、本章では広い意味での「専門性」に含まれるものとして議論している。

2)　2012 年 6 月 30 日時点のデータによる (Committee on Oversight and Government Reform 2012 : 197-200)。

3)　本節の政治任用に関する説明は、菅原 (2010 : 32-33)、菅原 (2015 : 45-50) を一部参照した。

4)　National Labor Relations Board v. Noel Canning, et al., 134 S. Ct. 2550, 2014.

5)　5 C.F.R. § 317.502.

6)　"Presidential Memorandum: Government Reform for Competitiveness and Innovation," *The White House*.
〈https://www.whitehouse.gov/the-press-office/2011/03/11/presidential-memorandum-government-reform-competitiveness-and-innovation〉, 2015 年 11 月 28 日アクセス.

参考文献一覧

外国語文献

Borins, Sanford (2009) "From Online Candidate to Online President," *International Journal of Public Administration*, 32: 753-758.

Bowles, N., and R. K. McMahon (2014) *Government and Politics of the United States, Third Edition*, New York: Palgrave Macmillan.

Committee on Oversight and Government Reform, U.S. House of Representatives (2012) *United States Government Policy and Supporting Positions (Plum Book)*, Washington, D.C.: U.S. Government Printing Office. ⟨http://www.gpo.gov/fdsys/pkg/GPO-PLUMBOOK-2012/pdf/GPO-PLUMBOOK-2012. pdf⟩，2015 年 11 月 30 日アクセス．

Eilperin, Juliet, and C. D. Leonnig (2008.11.18.) "Administration Moves to Protect Key Appointees: Political Positions Shifted to Career Civil Service Jobs," *The Washington Post*.

Hogue, Henry B. (2012) "Presidential Reorganization Authority: History, Recent Initiatives, and Options for Congress," *CRS Report for Congress*, R42852, Congressional Research Service. ⟨http://fas.org/sgp/crs/misc/R42852.pdf⟩，2015 年 11 月 30 日アクセス．

—— (2013) "Recess Appointments: Frequently Asked Questions," *CRS Report for Congress*, RS21308, Congressional Research Service. ⟨https://www.fas.org/sgp/crs/misc/RS21308.pdf⟩，2015 年 11 月 30 日アクセス．

Johannes, John R. (2015) *Thinking about Political Reform: How to Fix, or Not Fix, American Government and Politics*, New York: Oxford University Press.

Kearney, R. C., and C. Sinha (1988) "Professionalism and Bureaucratic Responsiveness: Conflict or Compatibility?" *Public Administration Review*, 48 (1): 571-579.

Kellough, J. E., L. G. Nigro, and G. A. Brewer (2010) "Civil Service Reform under George W. Bush: Ideology, Politics, and Public Personnel Administration," *Review of Public Personnel Administration* 30 (4): 404-422.

Kernell, S., G. C. Jacobson, T. Kousser, and L. Vavreck (2015) *The Logic of American Politics, Edition 7*, Thousand Oaks: CQ Press.

Kettl, Donald F. (2015) *Politics of the Administrative Process, Sixth Edition*, Thousand Oaks: CQ Press.

Lewis, David E. (2008) *The Politics of Presidential Appointments: Political Control and Bureaucratic Performance*, Princeton: Princeton University Press. [邦訳] デイヴィッド・ルイス (2009)『大統領任命の政治学 — 政治任用の実態と行政への影響』(稲継裕昭監訳，浅尾久美子訳)、ミネルヴァ書房。

—— (2009) "Modern Presidents and the Transformation of the Federal Personnel System," *The Forum*, 7 (4): Article 6.

—— (2011) "Presidential Appointments and Personnel," *Annual Review of Political Science*, 14: 47-66.

—— (2012) "The Contemporary Presidency: The Personnel Process in the Modern Presidency," *Presidential Studies Quarterly* 42 (3): 577-596.

Maranto, Robert（2005）*Beyond a Government of Strangers: How Career Executives and Political Appointees Can Turn Conflict to Cooperation*, Lanham, Maryland: Lexington Books.

Mendelson, Nina A.（2003）"Agency Burrowing: Entrenching Policies and Personnel before a New President Arrives," *New York University Law Review*, 78（2）: 557–666.

Naff, K. C., N. M. Riccucci, and S. F. Freyss（2014）*Personnel Management in Government: Politics and Process, Seventh Edition*, Boca Raton: CRC Press.

Nigro, L. G., and J. E. Kellough（2014）*The New Public Personnel Administration, Seventh Edition*. Boston: Wadsworth.

Rein, Lisa（2014. 4. 10.）"Border Agency Accused of Hiring Irregularities," *The Washington Post*.

Relyea, Harold C.（2008）"Executive Branch Reorganization and Management Initiatives: A Brief Overview," *CRS Report for Congress*, RL33441, Congressional Research Service.
　〈https://www.fas.org/sgp/crs/misc/RL33441.pdf〉, 2015 年 11 月 30 日アクセス.

Rourke, Francis E.（1992）"Responsiveness and Neutral Competence in American Bureaucracy," *Public Administration Review*, 52（6）: 539–546.

Schwemle, Barbara L.（2012）"Federal Personnel: Conversion of Employees from Appointed（Noncareer）Positions to Career Positions in the Executive Branch," *CRS Report for Congress*, RL34706, Congressional Research Service.
　〈https://www.fas.org/sgp/crs/misc/RL34706.pdf〉, 2015 年 11 月 30 日アクセス.

Shear, Michael（2014. 6. 27.）"Decision by Justice Opens a New Debate on the Limits of Presidential Power," *The New York Times*.

Stanley, Harold, and R. G. Niemi（2015）*Vital Statistics on American Politics 2015-2016*, Thousand Oaks: CQ Press.

United States Government Accountability Office（2010）"Personnel Practices: Conversions of Employees from Political to Career Positions May 2005-May 2009," *Report to Congressional Requesters*, GAO-10-688.
　〈http://www.gao.gov/new.items/d10688.pdf〉, 2015 年 11 月 30 日アクセス.

Van Ryzin, Gregg G.（2011）"Outcomes, Process, and Trust of Civil Servants," *Journal of Public Administration Research*, 21: 745-760.

Vaughn, J. S., and J. D. Villalobos（2009）"Obama's Empty Cupboard: Contending with Vacancies and the Threat to Neutral Competence," *International Journal of Public Administration*, 32（9）: 792-799.

Vlk, Bruce（2011）"Post-New Public Management under the Obama Administration: An Early Snapshot," *The Michigan Journal of Public Policy*, 8: 3-17.

邦語文献

今里滋（2000）『アメリカ行政の理論と実践』九州大学出版会

稲継裕昭他（2008）「アメリカ合衆国の公務員制度」村松岐夫編著『公務員制度改革 ― 米・英・独・仏の動向を踏まえて』学陽書房、pp.37-96

大林啓吾（2014）「休会任命をめぐる憲法構築」『千葉大学法学論集』28 巻 4 号、pp.260（1）-220（41）

――（2015）「続・休会任命をめぐる憲法構築 ― NLRB v. Noel Canning 連邦最高裁判決をよむ」『千葉大学法学論集』29 巻 3 号、pp.132（1）-98（35）

坂本勝（2006）『公務員制度の研究 ― 日米英幹部職の代表性と政策役割』法律文化社

――（2012）「米国連邦公務員制度の人事政策の動向 ― 柔軟な任用と幹部要員の人材育成」『龍谷政策学論集』1 巻 2 号、pp.1-19

菅原和行（2009）「アメリカ政治任用制の過去と現在」久保文明編著『オバマ大統領を支える高官たち ― 政権移行と政治任用の研究』日本評論社、pp.19-43

――（2010）「政治任用の特徴」久保文明、東京財団現代アメリカ・プロジェクト編著『オバマ政治を採点する』日本評論社、pp.31-37

――（2015）「アメリカ連邦官僚制における中立的能力と応答的能力の動態 ― 職業公務員と政治任用者に対する政治的要請の変化を中心に」『釧路公立大学紀要・社会科学研究』27 号、pp.39-55

田中秀明（2009）「専門性か応答性か：公務員制度改革の座標軸（上）」『季刊行政管理研究』126 号、pp.3-36

廣瀬淳子（2006）「アメリカにおける行政評価と行政監視の現状と課題 ― GAO と CIA を巡る最近の状況から」『レファレンス』56 巻 5 号、pp.48-66

――（2010）「オバマ政権の大統領行政府とホワイトハウスの機構 ― アメリカにおける行政機関の再編」『外国の立法』246 号、pp.3-16

――（2014）「アメリカ連邦議会上院改革の課題 ― フィリバスターの改革」『レファレンス』64 巻 3 号、pp.35-50

安井明彦（2004）「ブッシュ政権の行政改革」『みずほ総研論集』2004（2）、pp.1-47

第 3 章

政党制
—— 理想と現実の狭間[1]

1. はじめに

理想的な政党制とはどのようなものだろうか。

かつてエルマー・シャットシュナイダー（Elmer Eric Schattschneider）を委員長とするアメリカ政治学会の委員会は、1950 年の報告書において二大政党はまとまった政策方針を持たず、政府内外で分権的に運営されているため、有権者に説明責任を果たせていないと批判した。シャットシュナイダーは、アメリカの政党は政策の専門化と行政機関への委任が進んだ現代の政策過程に対応できないとして、アメリカに責任ある二党制を実現することが望ましいと提言したのである（岡山 2015）。

1950 年代ごろまでは「いかにしてアメリカの政党制を責任政党制へと近づけるか」という問題意識が存在しており、その理想を実現すべくさまざまなアイディアが提起されていた。

近年になってイデオロギー的分極化の傾向が顕著になると、これがアメリカの政党の責任政党化を促す契機になるのではないかとの希望的観測もあった。だが、岡山裕が指摘するように、政党の分極化が責任政党化を促すかどうかについては懐疑的な見方が大勢を占めているように思われる（岡山 2015）。

むしろ、分極化は政治的アクターを非妥協的にし、合意形成を困難なものとすることで政治的対立を深刻化させ、アメリカの政治に停滞と混乱を招いているという見解が支配的になっているようである。アメリカ政治学会は、

今度は分極化するアメリカ政治の原因と対処法を探るべく著名な政治学者によるタスク・フォースを設置し、2013 年に報告書をまとめている（Task Force on Negotiating Agreement on Politics 2013 : vi）。

このことからも窺い知れるように、現代のアメリカ政党制においては「いかにして分極化がもたらす政治的弊害を克服するか」が主要な問題意識となっており、その理想を実現すべくさまざまなアイディアが提起され続けているのである。

では、2009 年 1 月に大統領に当選し、2017 年 1 月に退任する予定のバラク・オバマ（Barack Obama）はアメリカに理想の政党制を実現することに成功したのであろうか。本章はこの課題に答えようとするものである。

本章では、まずアメリカの政党制の変遷を時系列的にたどる。その後、「新しい政党制」の特徴である「現代的大統領制」と「イデオロギー的分極化」について解説し、オバマ政権の位置付けを考える。

2.　6 つの政党制

アメリカ政治発展論（American Political Development）と呼ばれる政治学の下位分野においては、「政党再編（Electoral Realignment）」に基づき、政党制の区切りごとに歴史を区分していく。ここでは「決定的選挙」が発生した時期以降、次の決定的選挙による再編が起きるまでの時期を独自の党派的特徴をもつ政党制と考えるのである（Dodd, Jilson 1994 : 29-32 ; Orren, Skowronek 2002 : 732-735 ; 西川 2011 : 187）。

この区分に従えば、アメリカには以下に示す 6 つの政党制が存在したと見るのが通説である（西川 2011 : 188-193 ; Hershey 2015 : 130-138）。

第一次政党制（1801 ～ 1828）：ここでの中心的な対立軸は、連邦政府の権限拡張の是非にあった。連邦政府の権限を拡張しようとする一派はフェデラリスツと呼ばれ、連邦政府の積極的な権限拡張を自らの利益とみる東部の商工業者や富裕層と結びついて勢力を拡張した。南部を中心とする農民層はこれに反発し、連邦政府の権限拡張を制限し、州権と農業立国論的な考え方を

重視するデモクラティック・リパブリカンを結成した。しかし、19 世紀前半にアメリカが経済成長を遂げると、アメリカはそれぞれ異なる経済的利害を有する地域間対立に悩まされるようになり、デモクラティック・リパブリカンは最終的には二派に分裂した（西川 2011：188）。

　第二次政党制（1829 ～ 1860）：デモクラティック・リパブリカン内部でアンドリュー・ジャクソン（Andrew Jackson）率いる一派が優勢となり、これが民主党となって支配的政党となり、第二次政党制が展開された。ジャクソニアン・デモクラシーとも呼ばれるこの時代においては、普通選挙制の全国的拡大など政治参加の機会拡大を契機とする地方政党の組織的整備が進み、アメリカの政党はここに初めて大衆的基盤を獲得するに至った（西川 2011：188）。

　第三次政党制（1861 ～ 1896）：アメリカの南部と北部とは関税や奴隷制度などの争点をめぐって古くから対立してきたが、19 世紀前半以降この対立が次第に大きなものとなり始めた。特に奴隷制度をめぐる対立は深刻であり、1854 年に新しく結党された共和党は南北戦争とそれに続く再建時代を通じて急速に成長し、南部を支持基盤とする民主党と拮抗しつつ、激しい競争を繰り広げていった。これが第三次政党制である。ここに民主党と共和党を軸とする、現代へと続くアメリカの二大政党制の原型ができ上がった（西川 2011：188）。

　第四次政党制（1896 ～ 1932）：ここでは共和党が優位であり、東部の資本家と西部農民を支持基盤に据える共和党は 19 世紀後半のアメリカの農業国から工業国への転換を押し進めた。特に革新主義期（1901 ～ 1916）には予備選挙制度、リコール、イニシアチヴ、レファレンダムなど直接民主主義的な制度改革が進んだ（Mayhew 1986：308-323；西川 2011：189）。

　第五次政党制（1932 ～ 1968）：第五次政党制確立の契機となったのは、世界大恐慌の発生と民主党のフランクリン・ローズヴェルト（Franklin D. Roosevelt）による恐慌への対応策、いわゆるニューディールである。ニューディール以降のアメリカには、労働者の諸権利の擁護や社会保障制度、あるいはケインズ型財政政策を通じて国家が社会経済領域に介入し、国民生活

を安定化させることを国是とする政治秩序がもたらされた（Wagner 2006 ; Stebenne 2006 ; 西川 2011 : 189）。

　1930年代に民主党のローズヴェルトがニューディール政策を実施して以降、民主党はリベラルの党として認知されてきた。この背後には、ニューディール期以降、リベラリズムが自明の公共哲学としてアメリカ国民に受け入れられてきたことが大きく作用している。ここでいうリベラリズムの背後には、①連邦政府に権限を集中させ、それにより資本主義の失敗を是正し経済成長と完全雇用を維持するため政府が社会経済領域に介入する、②連邦政府はマイノリティ集団に社会的対抗力を持たせるために権限を行使し、社会の進歩から取り残されてきた集団に多元主義を拡張し、それらの集団を国民経済とアメリカ社会へ統合するという原則が存在している（Baer 2000 : 12 ; 吉野 2009 : 4 ; 西川 2012 : 89-90）。

　このような原則は、具体的には連邦政府による積極的な財政政策・金融政策（その結果として増税や赤字国債発行も是認する）による有効需要の調整、農業への政府補助、労働組織の権利の擁護、社会保障制度の創出、人種や性差に基づく差別の禁止といった政策を生み出すことに繋がってきた。いわゆる「大きな政府」の始まりである（西川 2012 : 90）。

　1964年の公民権法制定、ならびに1965年の投票権法制定以降、黒人が民主党を熱心に支持したのに対し、南部の白人層は徐々に民主党を離れ、共和党の支持層へと転向していった。いずれも強固な民主党の支持基盤であった南部と黒人層との間で相克する黒人公民権というイシューが問題となり、あるいはニューディールを原理的に否定する保守運動が胎動し始め、これはやがて第五次政党制を根底から揺るがすことになった（Baer 2000 : 73 ; 西川 2011 : 189）。

　第六次政党制（1968〜）：ニューディール・リベラリズムに対する批判や疑念は1960年代前半ごろから徐々に大きなものとなり始め、共和党を中心にリベラリズムの帰結としてもたらされる政策を否定し、いわゆる「小さな政府」を志向する政治的変化が見られるようになった。いわゆる、「保守化の時代」の幕開けである。この保守を志向する個人や集団は概ね2つに大別

されよう（西川 2012：90）。

　第一に、均衡財政、減税と財政赤字の削減、政府による各種補助金の打ち切り、社会保障制度や国民保険制度の縮小・廃止、労働組合や少数集団への保護・優遇の見直しなど、政府による社会経済領域への介入の一切を否定する政策を目指す経済的保守である（西川 2012：90）。

　第二に、社会的・文化的保守である。アメリカには家族、個人主義、あるいはキリスト教に由来する信仰心などの伝統的価値や社会秩序が存在する。社会的・文化的な意味での保守は、現実の政治や社会のあり方がこれら伝統的価値や秩序から逸脱していると判断した場合、現状を変革することを志向するものである（西川 2012：90）。

　具体的には人工妊娠中絶や同性愛への反対、銃規制に対する反対、進化論の学校での教授など公教育における宗教の位置付けと役割の見直し、犯罪対策、ポルノグラフィの規制などを目指す（西川 2012：90）。

　この共和党保守化の端緒を開いたのは、1964 年大統領選挙におけるバリー・ゴールドウォーター（Barry M. Goldwater）の立候補であった。彼は選挙では大敗したものの、それまで分裂していた保守諸派のアイディアや人材を糾合し、共和党は初めてフロリダ以外のディープ・サウス五州で勝利し、ストローム・サーモンド（Strom Thurmond）など南部民主党保守派の政治家を共和党に鞍替えさせることに成功した（中山 2003：134-158 ; 西川 2011：189）。

　かくして、1964 年を転機としてニューディール・リベラリズムの背後に存在した「政府は問題を解決する主体」という考え方に替わり、「政府こそが問題そのもの」とする経済保守の考えが共和党内で勢いを強めていった（Micklethwait, Wooldridge 2004：68 ; 西川 2011：190）。

　続いて 1968 年の大統領選挙に立候補したリチャード・ニクソン（Richard M. Nixon）は人種分離と保守主義を一定程度容認することを約束し、南部からの支持を取り付けることに成功した（吉野 2009：11）。ただし、この時期の共和党は未だ共和党の伝統的地盤である北東部に根強い支持層を持ち続けていたため、ニクソンは南部に向けては保守的なメッセージを発しつつ、北東部からは人種差別主義者のレッテルを張られないようあくまで慎重な姿

勢を崩さなかった（Brewer, Stonecash 2009 : 116 ; 西川 2011 : 190）。

　また、このころの共和党には急速に宗教保守の影響力が浸透しつつあった。宗教保守勢力は元来政治に関わろうとしないか、あるいは民主党を支持する性質を強く持っていた。1970 年代後半になると、ポール・ワイリック（Paul Weyrich）やリチャード・ヴィゲリー（Richard Viguerie）といったニュー・ライトの共和党運動家がジェリー・ファルウェル（Jerry Falwell）らプロテスタント教会保守派と相互に協力し、宗教保守票の掘り起こしを進めていった（西川 2011 : 190）。

　これらの勢力は人工妊娠中絶の禁止、公立学校における宗教教育、同性結婚の禁止、進化論教育の禁止などの世俗的争点を重視し、南部を中心に共和党の地方組織を席巻していった（Micklethwait, Wooldridge 2004 : 68 ; 久保 2008 : 231-233 ; 西川 2011 : 190）。

　1980 年の大統領選挙で北東部穏健派出身のジョージ H.W. ブッシュ（George H. W. Bush）を抑えて共和党の大統領候補となったロナルド・レーガン（Ronald Regan）は、まさに 1960 年代以降の共和党保守の諸要素を集約したような存在であった。レーガンは経済的には小さな政府を支持し、減税、規制緩和、そして財政均衡など保守的な政策を掲げ、社会的にも州権重視、人工妊娠中絶や男女平等憲法修正案（Equal Rights Amendment）に反対するなど、保守的な主張を掲げて大統領に当選した（西川 2011 : 190-191）。

　かくして、共和党の地盤はかつての北東部から南部に比重が移り、共和党は経済保守、宗教保守、そして郊外や農村に居住する保守的白人を支持層に据えた保守的政党へと再編を遂げたのである（Brewer, Stonecash 2009 : 124）。このような保守の台頭が一つの高みへと達したのが 1994 年の中間選挙であった。共和党は 40 年ぶりに下院で多数党に返り咲き、上院でも多数党となって立法府を手中におさめることに成功した（Brewer, Stonecash 2009 : 135 ; 西川 2011 : 191）。

　両党の支持基盤にも顕著な変化が見られるようになった。

　1930 年代以降 1950 年代までの民主党の中心的支持基盤は南部にあり、いわゆる「ニューディール連合」をその支持基盤としてきたが、1960 年代以

降は黒人を中心とする人種マイノリティ、フェミニスト、同性愛者、反戦運
動、消費者保護運動、環境運動などニュー・ポリティクス集団の影響力が増
し、北東部と西部諸州を地盤とする政党に変容している（西川 2011：191）。

　この変化を受けて民主党が重視する政策も労働政策や福祉政策から、より
人種や性差による少数派の権利擁護・差別是正、あるいは環境保護といった
政策に重点が移り、民主党はニューディール期よりも左傾化したと考えるこ
とも可能である（久保 2005：vi；西川 2011：191）。

　他方、共和党は経済保守、宗教保守、そして郊外や農村に居住する保守的
白人を支持層に据え、かつて民主党の金城湯池であった南部に展開し保守的
政党へと再編を遂げる一方、かつて拠り所としていた北東部では完全に後退
した（Nishikawa 2009：130-140；西川 2011：193））。

　以上、第六次政党制までの政治状況を概観してきたが、イデオロギー的に
は共和党が保守化、民主党がリベラル化を進め、二大政党の分極化傾向とイ
デオロギー対立の予兆が徐々に明らかなものとなりつつあったことが見て取
れる。また、第五次政党制は民主党の一党優位であったが、近年では二大政
党の選挙での競合力は伯仲し、共和党・民主党のどちらが優位ともいいがた
い状況が続いている。

3.　第六次政党制の揺らぎ：新しい政党制 ?

（1）　新しい政党制 ?

　第六次政党制後の変化について、シドニー・ミルキス（Sidney Milkis）と
ジェシー・ローズ（Jesse Rhodes）によれば、アメリカはすでに「新しい
政党制（New American Party System）」、すなわち「ポスト第六次政党制」
の段階に差し掛かっているということである。ミルキスとローズは、この新
しい政党制は執政府による積極的な政治的リーダーシップ（いわゆる「現代
的大統領制」）、イデオロギー的分極化、内政・外交の方針をめぐる基本理念
の激しい対立という 3 つの要素を特徴とする（Milkis, Rhodes 2012：57-76）。

　この 3 つの要素のうち、最も重要と考えられるのが、以下で解説する現代

的大統領制とイデオロギー的分極化である。

（2）　現代的大統領制

アメリカは憲法上、厳密な三権分立をその基礎としており、大統領は直接的に立法行為を行う権限を有しておらず、大統領自らが成立を望む立法的成果を上げるためには議会に教書を送って立法を促し、議会と交渉・説得することが望ましい（西川 2015a：45-48）。

だが、イデオロギー的分極化が進み、分割政府が常態化した現代アメリカにおいては、大統領が議会と交渉し、これを説得・妥協することは容易ではなくなった（西川 2015a：45）。

20 世紀前半から始まった行政国家化の進行に伴って、大統領は拒否権行使や教書送付といった公式権限のほかに、世論の動員（「ゴーイング・パブリック」）や行政命令・大統領布告の活用（「単独行動」；Unilateral Action）といった迂回手段を用いて立法的成果の達成を目指すようになった。これを一般的に「現代的大統領制」と呼ぶ（松本 2010：31；西川 2015a：45）。

かくして、現代の大統領は拒否権（Veto）、行政命令（Executive Order）、大統領告示（Proclamation）、署名時声明（Signing Statement）、安全保障令（National Security Directive）などを用いた行政的な単独行動によって政治成果の達成を目指すことが一般化している状況である（Howell 2005：417；西川 2015a：45）。

しかし、大統領が以上のような公式・非公式の権限を用いて立法過程への介入を強めるほど与党は凝集性を高めるであろうが、同時に敵対する党の反発を生み、結果的に与野党議員の活動はより党派的になることが予想される（松本 2010：31-33）。

（3）　イデオロギー的分極化

前述のように、共和党は近年保守的イデオロギーを前面に打ち出すようになっており、自由市場経済を絶対視する「小さな政府」を重視するとともに、社会文化面でもキリスト教的価値観の推進、人工妊娠中絶反対、フェミ

ニズムや同性愛への忌避感などを眼目とする「伝統的・宗教的価値観」に重きをおく姿勢を強め、リベラル色を強める民主党と対立を続けてきた（待鳥 2009：152；西川 2011：175；西川 2015b：1-4）。

また、かつて民主党、共和党はともに党内に穏健派を抱えており、イデオロギー的に多様な集団であったが（Levendusky 2009：2）、いまやアメリカの二大政党はともにイデオロギー的純化を進めて異なった政党になっている。かくして、最近では二大政党がそれぞれリベラルと保守に両極端にイデオロギー的に乖離する現象、すなわち「分極化」（Polarization）と呼ばれる現象がみられるようになっている（McCarty, Poole, Rosenthal 2006；西川 2011：175；西川 2015b：2-3）。

この現象は二大政党間の政策に関する党派対立を根深いものとし、政治における合意形成を困難なものとし、政治課題の先送りや政策革新の停滞を招く要因になっているといわれる（Stonecash, Bremer, Mariani 2003；Hacker, Pierson 2005；McCarty 2007；西川 2015b：3）。

かつてのアメリカでは社会保障法（1935 年）や公民権法（1957 年）など、重要立法の 7 割が超党派の合意と妥協を得て可決したが、分極化の進んだ現在のアメリカ政治において超党派的合意の下に立法活動が行われることは減多にない（McCarty 2007：223）。なぜなら、分極化した状況の下ではイデオロギー的に近い者が結託して凝集性を強め、イデオロギーの異なる勢力の懸け橋となる中道勢力は後退・消失し、相手との差異を強調しようとする党派的傾向が顕著なものとなるからである（Lee 2009；西川 2015b：3）。

こうしてイデオロギーが異なる相手との妥協をあえて放棄することで利益を得ようとする戦略的インセンティヴが生み出される（Gilmour, 1995；西川 2015b：3）。

以上に見た現代的大統領制とイデオロギー的分極化は「新しい政党制」を特徴付ける二大要素であるが、ここで留意すべきことは両者が二律背反の関係にあることである。すなわち、分極化（ならびに分割政府）の影響で対立が先鋭化し立法活動が滞りがちな現代アメリカにおいて、大統領は単独行動を用いて政治成果の達成を目指さざるを得ないことも少なくない。

　だが、そのような「強行突破」を試みれば野党や世論からいっそうの反発を招き、イデオロギー的分極化はより深刻化する可能性が大きい。そして、それが大統領にとって新たな障害と化すというジレンマに直面することになるのである。

　2009 年 1 月に発足したオバマ政権は結果的には分極化をより深刻化したと考えられるが、それは次節で示すようにオバマの統治スタイルが最終的に現代的大統領のそれへと変質せざるを得なかったことによるものである。

4. オバマ大統領の統治スタイルの変遷

　前節までに見た状況の下、2008 年の大統領選挙においてオバマが大統領に当選し、民主党が政権を奪還した。すでに 2006 年の中間選挙の結果を受けて民主党は議会多数党に返り咲いていたが、2008 年の大統領選挙でオバマが大統領に当選したことによって、民主党は 14 年ぶりに統一政府を実現することに成功した。

　2008 年の大統領選挙においては、近年のアメリカの政党システムに見られた典型的パターンを逸脱するような新しい現象がいくつか観察されており、オバマの当選は「脱党派的時代（"Post-Partisan Era"）」の幕開け、すなわちアメリカの政党制にこれまでにない変化が生じつつある兆しではないかと受け止められた（Milkis, Rhodes 2012 : 57）。

　2008 年の選挙においてオバマ自身が「分極化の克服」「人種や宗教で分断されたアメリカの統一」という脱党派的かつ壮大なメッセージを有権者に力強く訴えたことで、そうした期待が高まった。また、黒人であるオバマが史上初めて大統領に選出されたことは、アメリカに「ポスト人種社会」が実現した証拠ではないかと受け止める見方も少なくなかった（McDermott, Belcher 2014 : 449）。

　このようにオバマの当選をもって「脱党派的時代」「ポスト人種社会」の到来を主張する意見が見られた一方、現実的にはオバマ政権下でも分極化の傾向は依然として強く、第 111 議会においては結局のところ超党派的立法協

力は実現を見なかった（西川 2011：176-177）。

　例えば、「2009 年アメリカ復興・再投資法（American Recovery and Rein-vestment Act of 2009）」の投票に際して共和党上院議員 41 人のうち 38 人が反対、下院では共和党下院議員の全員（177 人）が法案に反対し、党派によって賛否が二分されている。このほかにも閣僚人事や最高裁判事の任命、そして医療制度改革など多くの懸案分野で党派性が際立った結果となった（西川 2011：176-177）。

　また、オバマが党派の違いを超えた議会運営を標榜してきたにもかかわらず、第 111 議会においては共和党による議事妨害（filibuster）が史上かつてない頻度で行われ、クリスマス休会までに実に 35 回に及ぶ議事妨害が行われた。これは記録的数字である。民主党が圧倒的多数であるにもかかわらず、共和党があえて攻勢に打って出た事実からも第 111 議会における党派対立・分極化状況の激しさが看取できる（松本 2010：52；西川 2011：177）。

　人種に関しても、確かに 2008 年の選挙におけるオバマ当選は人種的敵愾心を和げる効果を及ぼしたものの、それは一過性のもので、オバマ時代には党派の軸に沿って人種的対立は激しさを増しているという研究報告もある（McDermott, Belcher 2014：449）。

　また、オバマ自身の行動も必ずしも脱党派的・超党派的であったわけではない（西川 2015a：40-48）。

　政権発足直後にグアンタナモ収容所の閉鎖など行政命令を用いた政策変更を行ったこと、2009 年アメリカ復興・再投資法の制定過程を多数党である民主党のみで進め共和党を参画させなかったこと、医療制度改革に際して立法過程に介入を試みたことなどは共和党の党派的反発を招いたとされている（松本 2010：41, 52）。

　オバマの支持率が低下傾向に陥るなか、オバマ政権への保守反動としてティーパーティ運動が急速に台頭、これを追い風として共和党は 2010 年中間選挙で上院で 6 議席、下院で 63 議席を増やして勝利を収めた。これは 1938 年以来の連邦下院における共和党の圧勝であり、同党は 4 年ぶりに下院多数党に復帰した（吉野 2012：31；西川 2015a：41）。

　それまでの 2 年間、オバマ政権・民主党多数議会の設定するアジェンダに対抗できなかった共和党は、議会での多数を奪回することで有力な反撃の手段を得た（待鳥 2013 : 86）。2010 年の中間選挙で共和党が地滑り的勝利を収めると、オバマ政権が制定を望んでいた包括的移民改革法案や雇用創出法案の上程が事実上不可能になり、「最初の 100 日」で達成したような政治成果を 2010 年の中間選挙後に継続的に期待することは絶望的になった（西川 2015a : 42）。

　シーダ・スコッチポル（Theda Skocpol）が指摘するように、2010 年の中間選挙でいきなり躓いて改革の勢いを鈍らせてしまったことは、オバマにとって最大の痛手であった。すなわち、スコッチポルがオバマを「道半ばのニューディール」と表現するのは、この所以である（Skocpol 2012 : 9 ; 西川 2015a : 40）。

　2010 年の中間選挙後、オバマ政権は共和党議会と予算や連邦債務上限引き上げをめぐって対立を続け、オバマ政権は環境保護局による環境規制の緩和、富裕層増税、社会保障支出削減等の妥協を呑まざるを得なかった（西川 2015a : 42）。

　オバマ政権の経済中道化路線、雇用対策の遅れ、高止まりしていた失業率などに対する民主党内からの政権批判は徐々に高まっていき、オバマ政権はこれに鑑みて 2011 年秋ごろより労働階層よりの経済ポピュリズム路線を明確にし始め、2012 年 1 月の年頭教書では「大きな政府」を目指す方針が旗幟鮮明にされた。オバマ政権は再度「左旋回」を図ったのである（渡辺 2014 : 64-65 ; 西川 2015a : 43）。

　2012 年の大統領選挙でオバマは再選を果たし、少なくともオバマ大統領の任期中に国民皆保険制度が破棄されるなど、オバマ政権の政治業績の主要部分が覆される可能性は低くなった。同時に政権は二期目の内政面での政策課題は経済再生、格差是正と中間層拡大、財政再建と社会保障、女性・同性愛者の権利拡大、移民政策改正、銃規制であると表明し、さらなる政治的成果の達成を狙っていることも明らかになった（廣瀬 2013 ; 西川 2015a : 43）。

　オバマ大統領は、政権発足当初は議会が民主党多数であったことも手伝っ

て、拒否権を行使した例も歴代の大統領に比して極めて少なかった。2015年11月の時点で、オバマ大統領による拒否権行使はわずか5件を数えるのみである。

このような事実からも窺われるように、オバマ政権初期における彼のリーダーシップ・スタイルは「現代的大統領」のそれよりも、どちらかといえば議院内閣制における首相に近いといい得るものであった。これは「分極化の克服とアメリカの統一」という目的を達成するため、あえて単独行動を用いることを避けていたとみることもできるであろう（西川 2015a：45）。

だが、2010年の中間選挙で下院多数を失って議会にアジェンダ推進を期待することが難しくなり、2012年にオバマが再選されると彼の大統領としてのリーダーシップ・スタイルに明確な転換が図られた。

きっかけを作ったとされるのは、ダニエル・ファイファー（Daniel Pfeiffer）大統領上級顧問が「移民や銃規制などのイシューでは議会の行動を期待するのは無駄であり、オバマ大統領も首相のように振る舞うのをもう止めるべきだ」と大統領に勧告した3ページのメモである。

このメモでは、オバマ大統領は行政命令の発令などの単独行動を積極的に活用して議会を迂回し、政治的成果を上げることを目指すべきであると主張されている（Brown, Epstein 2014）。このメモの方針に基づいて、クリントン政権の首席補佐官として行政命令12958号の制定に深く関与したジョン・ポデスタ（John Podesta）が、オバマ大統領の行政命令活用戦術の指南役として雇われた（Eilpern, Nakamura 2014；西川 2015a：45）。

オバマ政権による行政命令の活用の仕方は、上記のファイファー・メモ以降、明らかに変化している。

ジョージ　W. ブッシュ（George W. Bush）前政権ではステム・セル研究の凍結、合衆国連邦政府の補助金を受けている NGO に対する人工妊娠中絶を認める外国政府からの資金受領禁止などの行政命令が出されていたが、オバマ政権が初期に打ち出した行政命令は主として前政権の行政命令を解除・廃止するためのものであった。しかし、2012年以降、このような行政命令の活用の仕方が大きく変化した（西川 2015a：46）。

　2012 年には幼少期にアメリカに移住した不法移民に対する国外退去延期と就労措置を規定する、「若年層向け強制送還延期プログラム（Deferred Action for Childhood Arrivals ; 以下 DACA)」という行政命令が発令されている（西川 2015a：46)。

　DACA は、親に連れられて幼少期に不法入国した若者を不法移民として国外退去させるのを止める DREAM 法の審議が連邦議会で滞っていることから、大統領は法成立までの暫定的運用として、特定の条件を満たす若者の国外退去を延期するよう国土安全保障長官に命令するものである。オバマ大統領は議会での立法行動が期待できないことから、行政命令を積極的に活用することで最優先課題の一つである移民制度改革を前進させようと試みたのである（西川 2015a：46)。

　2012 年 12 月に発生したサンディ・フック小学校銃乱射事件後にも、連邦議会で銃規制法案制定が進展を見せないことに業を煮やしたオバマ大統領は、23 の行政命令を発令して銃規制を試みている。2014 年 1 月 28 日の年頭教書でも、最低賃金引き上げやエネルギー政策などにおいて議会が協力を渋る場合には、行政命令を行使して問題に対処すると言明している（西川 2015a：46)。

　この方針に基づいて実際に 2014 年初頭に最低賃金引き上げを規定する行政命令が発令された。また、オバマ政権がレガシー作りの一環として重視している包括的移民改革法案は連邦上院を通過しているものの、下院で成立の見込みが立ってこなかったため、オバマ大統領はすでに中間選挙後に移民問題対処のために新たな行政命令を発令して不法移民の強制退去措置を縮小することを明言してきた（西川 2015a：47)。

　案の定、議会共和党は猛然とこれに反発し、共和党内ではオバマ大統領を弾劾にかけるべきであるとする強硬な意見が目立つようにさえなった。ジョン・ベイナー（John Boehner）前下院議長も弾劾には反対したものの、共和党内部で高まりを見せるオバマ批判の動きを無視するわけにもいかず、2014 年 7 月にはベイナー下院議長自身がオバマ大統領を権力濫用で告訴すると主張するに至った（西川 2015a：47)。

　ベイナー議長のオバマ大統領告訴の根拠は、①「オバマ大統領はオバマケア、エネルギー政策、教育、外交などの分野で忠実に法を執行していない」②「行政命令を乱発している」という 2 点に集約される（Press 2014 ; 西川 2015a : 47）。

　歴代大統領の行政命令発令回数を数えてみると、フランクリン・ローズヴェルト大統領は 3,522 回、ウッドロウ・ウィルソン（Woodrow Wilson）大統領は 1,803 回、カルヴァン・クーリッジ（Calvin Coolidge）大統領は 1,203 回、セオドア・ローズヴェルト（Theodore Roosevelt）大統領は 1,081 回と、20 世紀前半の大統領 4 人が際立って多くの行政命令に署名している。近年の大統領もビル・クリントン（Bill Clinton）が 364 回、レーガンが 381 回行政命令を発令している（西川 2015a : 47）。

　オバマ大統領だけが際立って多くの行政命令を乱発しているとは考え難く、むしろ第一期政権では 147 回、第二期政権ではこれまでのところ 72 回と比較的慎ましやかに発令している様子が窺える（西川 2015a : 47-48）。

　行政命令や拒否権の行使の少なさを見ればわかるように、オバマは政権一期目には単独行動に訴えることを極力慎んできた。これが「分極化の克服とアメリカの統一」という目的を達成するためであったであろうことは想像に難くない。

　だが選挙に負けて議会での多数を失うにつれて、オバマのリーダーシップ・スタイルは現代的大統領のそれへと変化を余儀なくされていった。当然のことながら共和党はこれに猛反発する姿勢を見せ、イデオロギー的分極化はいっそう深刻なものとなり、2015 年にはオバマ政権と共和党議会の板挟みになって進退窮まったベイナー議長が辞職を余儀なくされる事態にまで発展している。

5.　お わ り に

　1970 年代以降、現在に至るアメリカの政党制では分極化がもたらす弊害が顕在化しており、1980 年代以降恒常化している分割政府傾向と相まって、立法活動の停滞を招いている。冒頭で述べたように、これを克服することが現在のアメリカの政党制が目指す理想であると考えられている。だが、オバマですらこれに挫折したことからも明らかなように、分極化の克服・アメリカ政治の再統一は相当な難事業である。

　山積する内政・外交上の課題に対処するために、大統領は行政命令などの単独行動に訴えざるを得ないことも多い。だが、単独行動に訴えれば議会や野党は態度を硬化させ、分極化はますます激しいものとなる ── これは現代の政党制の下で大統領が直面せざるを得ない深刻なジレンマである。

　2015 年 11 月現在、2016 年の大統領選挙で誰が次期大統領に選ばれるかについては明確な見通しが立っていない状況であるが、分極化したアメリカ政治がもたらす弊害は次期大統領も直面せざるを得ない「負の遺産」なのではなかろうか。

　＊本稿は、日本学術振興会科学研究費補助金（課題番号：26301013）の助成により行われる研究の一部である。

注
1)　本章は筆者がこれまでに発表した論考を相互参照・引用しつつ、それに加筆修正したものである。第 2 節は（西川 2011）・（西川 2012）、第 3 節は（西川 2011）・（西川 2015a）・（西川 2015b）、第 4 節は（西川 2015）からの多数の引用を含む。

参考文献一覧
外国語文献
Baer, Kenneth（2000）*Reinventing Democrats: The Politics of Liberalism from Regan to Clinton,* Kansas: University Press of Kansas.

Brewer, Mark D., J. Stonecash（2009）*Dynamics of American Political Parties*, New York: Cambridge University Press.

Brown, Carrie, Jeniffer Epstein（2014. 6. 1.）"The Obama Paradox," *Politico*. 〈http://www.politico.com/story/2014/06/the-obama-paradox-107304_Page2.html〉, 2015 年 11 月 19 日アクセス.

Dodd, Lawrence, Calvin Jilson（1994）*The Dynamics of American: Approaches and Interpretations*, Boulder: Westview Press.

Eilpern, Juliet, D. Nakamura（2014. 11. 3.）"Where Did Obama Go Wrong?" *Washington Post*. 〈http://www.washingtonpost.com/politics/where-did-obama-go-wrong/2014/11/03/f0196c0a-61e2-11e4-8b9e-2ccdac31a031_story.html〉, 2015 年 11 月 19 日アクセス.

Hacker, Jacob S., P. Pierson（2005）*Off Center: the Republican Revolution and the Erosion of American Democracy*, New Haven: Yale University Press.

Hershey, Marjorie Randon（2015）*Party Politics in America, Sixteenth Edition*, London: Routledge.

Howell, William（2005）"Unilateral Powers: A Brief Overview," *Presidential Studies Quarterly*, 35（3）: 417-439.

Levendusky, Matthew（2009）*The Partisan Sort: How Liberals became Democrats and Conservatives became Republicans*, Chicago: the University of Chicago Press.

Mayhew, David R.（1986）*Placing Parties in American Politics: Organization, Electoral Settings, and Government Activity in the Twentieth Century*, Princeton: Princeton University Press.

McCarty, Noran, K. Poole, and H. Rosenthal（2006）*Polarized America: The Dance of Ideology and Unequal Riches*, Cambridge: The MIT Press.

McCary, Noran（2007）'The Policy Effects of Political Polarization,' in Paul Pierson and Theda Skocpol（eds.）*The Transformation of American Politics: Activist Government and the Rise of Conservatism*, Princeton: Princeton University Press, pp.223-255.

McDermott, Monika L., C. Belcher.（2014）"Barack Obama and Americans' Racial Attitudes: Rallying and Polarization," *Polity*, 46（3）: 449-469.

Micklethwait, John, A. Wooldridge（2004）*The Right Nation: Conservative Power in America*, New York: The Penguin Press.

Milkis, Sidney M., J. Rhodes, and E. Charnock（2012）"What happened to Post-Partisanship? Barack Obama and the New American Party System," *Perspectives on Politics*, 10（1）: 57-76.

Orren, Karen, S. Skowronek（2002）'The Study of American Political Development,' in Ira Katznelson and Helen V. Milner（eds.）*Political Science: State of the Discipline*,

New York: W. W. Norton, pp.722-754.

Press, Bill（2014. 7. 7）"A Do-Nothing Lawsuit," *The Hill*.
〈http://thehill.com/opinion/bill-press/211500-bill-press-a-do-nothing-lawsuit〉，2015 年
11 月 19 日アクセス．

Skocpol, Theda（2012）*Obama and America's Political Future*, Cambridge: Harvard
University Press.

Stebenne, David L.（2006）*Modern Republicanism: Arthur Larson and the Eisenhower
Years*, Bloomington: Indiana University Press.

Stonecash, Jeffrey M., M. Bremer and M. Mariani（2003）*Diverging Parties: Social
Change, Realignment, and Party Polarization*, Boulder: Westview Press.

Task Force on Negotiating Agreement on Politics（2013）*Negotiating Agreement on
Politics: Report of the Task Force on Negotiating Agreement on Politics*, Washington,
D.C.: American Political Science Association.

Wagner, Steven（2006）*Eisenhower Republicanism: Pursuing the Middle Way*, DeKalb:
Northern Illinois University Press.

邦語文献

井樋三枝子（2012.8）「若い非合法移民の国外退去の猶予に関する暫定措置」『外国の立法』.
〈http://dl.ndl.go.jp/view/download/digidepo_3517521_po_02520106.pdf?contentNo=1〉，
2015 年 11 月 19 日アクセス

岡山裕（2015）「アメリカ二大政党の分極化は責任政党化につながるか」『日本比較政治学
会年報・政党政治とデモクラシーの現在』第 17 号、pp.29-55

久保文明（2008）「アメリカの政党制 ― メタ政策システムとして」城山英明・大串和雄編
『政策革新の理論』東京大学出版会、pp.225-248

―― 編（2005）『米国民主党 ― 2008 年政権奪回への課題』日本国際問題研究所

中山俊宏（2003）「アメリカにおける保守主義台頭の力学 ―『アイディア』の戦略的動員」
久保文明編『G.W. ブッシュ政権とアメリカの保守勢力』日本国際問題研究所、pp.134-163

Masaru Nishikawa（2009）"Realignment and Party Sorting in the 2008 US Presidential
Election,"『選挙研究』第 25 巻第 1 号、pp.130-140

西川賢（2011）「現代アメリカの政党システム」岩崎正洋編『政党システムの理論と実際』
おうふう、pp.173-199

――（2012）「政治的保守主義の概念化と説明理論の提示 ― 米国共和党の保守化を手掛か
りに」『選挙研究』第 28 巻 1 号、pp.88-98

――（2013）「民主的選挙の民主化 ― アメリカ」岩崎正洋編『選挙と民主主義』吉田書店、
pp.187-200

西川賢（2015a）「バラク・オバマ政権の内政と統治手法 — 2014 年中間選挙までの時期を対象に」『立教アメリカン・スタディーズ』第 37 号、pp.39-52

── (2015b)『分極化するアメリカとのその起源 — 共和党中道路線の盛衰』千倉書房

廣瀬淳子（2013）「オバマ政権 2 期目の政策課題」『外国の立法』〈http://dl.ndl.go.jp/view/download/digidepo_7544682_po_02540201.pdf?contentNo=1〉、2015 年 11 月 19 日アクセス

待鳥聡史（2010）「アメリカにおける政権交代と立法的成功」『レヴァイアサン』第 47 号、pp.40-64

── (2013)「アメリカにおける多数党交代と議会内過程」『レヴァイアサン』第 53 号、pp.73-94

松本俊太（2010）「オバマ政権と連邦議会 — 100 日と 200 日とその後」吉野孝・前嶋和弘編『オバマ政権はアメリカをどのように変えたのか』東信堂、pp.29-58

吉野孝（2009）「背景としての政党対立」吉野孝・前嶋和弘編『2008 年アメリカ大統領選挙』東信堂、pp.3-28

── (2012)「連邦下院議院指導部 — 組織化、戦略、活動」吉野孝・前嶋和弘編『オバマ政権と過渡期のアメリカ社会 — 選挙、政党、制度、メディア、対外援助』東信堂、pp.31-57

渡辺将人（2014）「選挙アウトリーチと 2012 年オバマ再選選挙」吉野孝・前嶋和弘編『オバマ後のアメリカ政治 — 2012 年大統領選挙と分断された政治の行方』東信堂、pp.63-96

第 II 部　アクター

第 4 章

メディア
―― 政権運営におけるソーシャルメディアの活用と
「オープンガヴァメント」

1.　は じ め に

　本章の目的は、オバマ政権の政権運営におけるソーシャルメディアの活用
について、政権の進めたオープンガヴァメントの観点からその成否を検討す
ることにある。

　2008 年大統領選では、ブロードバンドや携帯電話の急速な普及を背景に
して、ユーチューブやフェイスブックなどのソーシャルメディアや携帯電話
のテキストメッセージが多くの候補者によって使われた（清原 2011）。2008
年の民主党オバマ陣営のデジタル選挙戦術は、「アメリカにおける今後の選
挙戦のひな型となっていくのは間違いない」（前嶋 2011：46）、「政党にとっ
てゴールドスタンダードになる」（Owen 2013：247）と指摘されるほど画期
的であった。

　さらに、同選挙戦におけるソーシャルメディアの果たした役割の大きさか
ら、オバマ大統領を「ソーシャルメディア大統領」という指摘もある（Katz,
Barris, Jain 2013：15）。しかし、オバマ大統領がそのように指摘される理由
は、選挙キャンペーンにとどまらず、その後の政権運営にもソーシャルメ
ディアを活用したことにあるだろう（Gainous, Wagner 2014：156）。

　選挙キャンペーンの常態化は、現代アメリカ政治の一つの特徴となってい
る（Cook 2002：762）。これは、デジタルメディア技術を活用して、政権運
営に選挙キャンペーンの戦略・手法を転用することを意味する。1990 年代
にはビル・クリントン（Bill Clinton）大統領が選挙キャンペーンのインフラ

を政権運営への活用に導入した（Cook 2002:754）。オバマ政権もまた、オープンガヴァメントを政策プラットフォームとして、ユーチューブの動画やフェイスブック、ツイッターといったソーシャルメディアを活用し選挙キャンペーンの常態化を踏襲していく。

2008 年大統領選に勝利すると、政治過程の透明性を高め国民とのコミュニケーションを図ることを目的として、恒例のラジオによる大統領の週末演説に、オバマ・バイデン政権移行チームのサイト『Change.gov』上では、初めてユーチューブを使った動画が用いられた[1]。さらに、政権移行チームは「最先端の技術を使って透明性（transparency）、説明責任（account-ability）、そして市民の参加（participation）について新しいレベルを創出する」と謳い、市民に開かれたオープンガヴァメントを目指すことをアジェンダに掲げた[2]。

政権移行チームプロジェクト共同議長のジョン・ポデスタ（John D. Podesta）は 2008 年 12 月 5 日、「外部団体との公式な会合についてすべての政策文書は『Change.gov』上でレヴューし、議論できるように公開する」と発表した[3]。

オープンガヴァメントそのものはオバマ政権が初めて主張した考え方ではないが、これ以降、オバマ政権は政権運営の大きな柱の一つとして、オープンガヴァメントを推進していく。さらにオバマ政権のオープンガヴァメントの考え方はその後、日本をはじめ世界の多くの国に波及している。

しかし、オバマ政権がどこまでソーシャルメディアを活用して政権運営を行ったのか、オープンガヴァメントの目標はどこまで達成されたのか、といった分析の学術的な先行研究は十分ではない。

例えば、オバマ政権発足から 1 年間を振り返り、ホワイトハウスがソーシャルメディアの方向性を活かし、市民の声を政策に反映させられているかどうか大きな疑問であると指摘されている（前嶋 2010：横江 2010）。また、オバマ政権のオープンガヴァメント政策形成過程における課題を分析した奥村（2010）は、ソーシャルメディアを使った参加型ダイアログの位置付けをどのように扱うのかが問われると述べた。さらに、オバマ政権が選挙キャン

ペーンにソーシャルメディアを使う戦略を政権運営にも持ち込もうとしたことは初の試みとして興味深かったが、実際のところ政権運営におけるその価値はよくわからないという指摘もある（Gainous, Wagner 2014 : 156）。

　その中ではジェイムズ・カッツらの研究は、選挙キャンペーンの常態化という概念から 2012 年大統領選挙戦まで網羅し、関係者へのインタヴュー調査も行い、オバマ政権のソーシャルメディアを使った政権運営について複数の事例を検討している点が興味深い。彼らの研究は、オバマ政権のソーシャルメディアの利用は政府が国民に対応したような印象を与えたが、政策形成には役立たず、国民の支持を動員したり、自分たちの望む政策をコントロールしたりするためにソーシャルメディアは使われた、と明らかにした（Katz, Barris, Jain 2013 : 90, 108）。

　本章は、ホワイトハウスなど政府のウェブ公開資料やメディア資料を基に、オバマ政権のオープンガヴァメント推進過程を概観する。紙幅の制約からすべてを網羅することはできないが、オープンガヴァメント政策に光を当てることで、オバマ政権が政権運営にソーシャルメディアを活用してどのような取り組みを行ったのかを明らかにし、その意義と限界を検討する。

2. オバマ政権の「オープンガヴァメント」

（1） CIO と CTO ポストの人事

　オバマ大統領はオープンガヴァメントを推進するうえで欠かせない人事を行った。初めて設置された連邦レベルの CIO（Chief Information Officer）と CTO（Chief Technology Officer）の人事である。政権移行チームはオープンガヴァメントを進めることを謳っていたため、これらのポストに誰が指名されるのか、メディアや IT 業界の関係者から注目は高かった[4]。

　しかし指名が発表された時期は関心の高かった関係者からすればかなり遅れた 2009 年 3 月 5 日で、オバマ大統領は政権移行チームの技術顧問であったヴィヴェク・クンドラ（Vivek Kundra）を CIO に指名した。

　CIO は、連邦政府の IT 投資に関する戦略的な政策を指揮し、連邦政府

の技術に関する支出を管理する責任を負う。クンドラはワシントン DC の CTO を務めていた人物で、全米のトップ 25 に入る CTO の一人として高い評価を受けていた[5]。クンドラの退任後は 2011 年 8 月 5 日にスティーブ・ヴァンローケル（Steve VanRoekel）が二代目に指名されたが、2014 年 9 月にはエボラ出血熱に関する政府の対応に助言するため米国国際開発庁（United States Agency for International Development ; 以下 USAID）に移ることになったため退任した[6]。2015 年 2 月 5 日にはトニー・スコット（Tony Scott）が三代目の CIO として指名され、現在に至る。スコットはソフトウェア会社の VMware 社で CIO を務めており、IT 業界の経営部門ではよく知られた人物である[7]。

　他方、2008 年の大統領選挙キャンペーン中からオバマが主張してきたもう一つの重要なポストが CTO である。CTO は前述の CIO と連携してオープンガヴァメントを進める役割を担うが、雇用創出や健康保険へのアクセス、エネルギー効率性の促進、オープンガヴァメントや国家安全保障など多岐にわたり、革新的な技術的なアプローチを使って政権にとって優先順位の高い課題を押し進めることにある。

　しかし、新設ポストで役割も曖昧であったため、期待が膨らむ一方で初めから「ほかの行政機関（例えば連邦通信委員会（Federal Communications Commission ; 以下 FCC）や全国電気通信情報庁（National Telecommunications and Information Administration）など）との重複する責任」が大きな課題になりうる」という懸念が上がっていた[8]。

　オバマ大統領は初代 CTO には、ヴァージニア州 IT 担当長官であったアニーシェ・チョップラ（Aneesh Chopra, 2009. 5. 22-2012. 2. 8）を、二代目には保健福祉省の CTO を務め、『HealthCare.gov』を立ち上げたトッド・パーク（Todd Park, 2012. 3. 9-2014. 8. 28）を指名した[9]。現在は元グーグル役員であったミーガン・スミス（Megan Smith）が三代目の CTO である[10]。

（2）　透明性のある開かれた政府に関する覚書

　こうした新しい人事と並行して、オープンガヴァメントの基本方針となる三原則を示した「透明性のある開かれた政府に関する覚書（Memorandum on Transparency and Open Government）」が発表された。

　オバマ大統領は就任式翌日の 2009 年 1 月 21 日、「民主主義を強化し、政府の効率性と有効性を高める」ことを目的に「前例のないレベルの開かれた政府を創出する」という一文から始まる覚書に署名した。ここでいう三原則は、「透明性（transparency）」「参加（participation）」「協業（collaboration）」である。「透明性」では政府の説明責任を果たすために情報公開をオンラインで行って市民に伝えることを連邦政府機関に求め、「参加」では政策形成過程に市民が参加する機会を連邦政府機関が増やすこと、「協業」では政府、非営利団体、民間企業、個人といったあらゆるレベルにおいて、革新的なツールや方法、システムを使って協力をすること、が求められていくと書かれた [11]。

　覚書に示された原則から、オンラインを活用して市民からの意見を政策形成にインプットしていこうと考えていたことが見て取れる。覚書では、それを実行に移すための仕組みを作るように、大統領から新たに指名されるCTO に指示が出され、三原則を連邦政府機関が実施するための特別な行動を指図するための指令（Directive）を作成する工程が示された。

　指令に盛り込む勧告は、120 日以内に CTO が行政管理予算局長官および一般調達庁長官と協力して、行政管理予算局長官によって発表されること、と指示された [12]。そして、その過程では連邦政府職員が『MAX Federal Community』を通じてオンラインディスカッションに参加できるようにすることなどが具体的に提示された [13]。『MAX Federal Community』は、連邦政府職員のメールアドレスで登録し情報共有できるようにした連邦政府職員専用のオンラインコミュニティである。

　また、覚書に明記されていたわけではないが、指令作成過程では副 CTOのベス・ノヴェック（Beth Noveck）は初の試みとしてソーシャルメディアを使い、一般国民からどのような案を作ればよいか、という段階からクラウ

ドソーシングによって国民の意見を取り入れる方式をとった。大統領の覚書に示された透明性、参加、協業の３つのカテゴリーのうち一つかそれ以上に合致する意見を一般国民から募集し、そのアイディアに対して国民が投票できるようにしたのである（Chopra 2014 : 63）。

　パブリックコメントの募集ではなく、「ブレインストーミング（Brainstorming）」「討論（Discussion）」「草案作成（Drafting）」の３段階に分けた参加型のダイアログを開始したという点が指令作成過程の一つの特徴であった（奥村 2010：55）。非営利団体の OMB ウォッチのゲイリー・バス（Gary D. Bass）事務局長は、「我々は政府が始めた参加型のプロセスはより良い結果につながると期待している」と述べた[14]。しかし、実際にはこの参加型ダイアログは国民の意見の徴収のみで、それがその後の政策決定の参考にされるに過ぎないという指摘もある（奥村 2010：64）。

（3）オープンガヴァメント指令

　こうしておよそ１年をかけ、オープンガヴァメント指令（Open Government Directive）は 2009 年 12 月 8 日、各連邦政府機関が大統領の覚書三原則に従い進めるべきロードマップとして行政管理予算局長官から発表された。

　同指令では、「45 日以内に、各連邦政府機関は少なくとも３つのデータセットによるオープンフォーマットでオンライン上に公開すること。そして、それらのデータを『Data.gov』上に登録すること」「60 日以内に、各連邦政府機関はオープンガヴァメントウェブページを『http://www.[agency].gov/open』上に作成すること。同サイトがオープンガヴァメント指令に関する政府機関の活動のゲートウェイになる。同サイトは時宜に照らして更新されること」といった内容が示された[15]。

　『Data.gov』はクンドラ CIO の前職（ワシントン DC での CTO）の経験を活かして、2009 年 5 月に開設されたサイトで、一般調達庁の市民サーヴィスおよびイノヴェーティブテクノロジー局が管理している。同サイトは、政府の持つデータや情報を利用者の視点に立って提供することが目的である

（奥村 2009）。

　クンドラの考え方は、ギリシアのアゴラ（人々が公共空間に集まり商業活動を行い政府に陳情を行うというもの）を意識したもので、それをデジタル公共空間で行おうとした。クンドラはヘルスケアから環境、教育分野についてもあらゆるデータを公開することによって、国民の監視機能が高められるだけでなく、官民のセクター間の境目が弱まるさまざまなサーヴィスについて、経済や市民生活に新しいポートフォリオを作ることにつながるだろうと考えていた（Chopra 2014 : 62-63）。

　オープンガヴァメント指令に従い、CIO と CTO は 2010 年 2 月 9 日に『Open Government Dashboard Version 1.0』を立ち上げた。同サイトは、オープンガヴァメント指令に示された連邦行政機関が行うべき事項（①高価値データセットの公表、②データインティグリティ、③「オープン」なウェブページ、④一般市民からの意見とフィードバック、⑤オープンガヴァメント計画の実施状況）について、進捗状況を一般国民に可視化する目的で作られた。

　2010 年 3 月 23 日の国家安全保障に関する委員会の連邦財政経営・政府情報・連邦サーヴィスおよび国際安全保障に関する小委員会の公聴会で、チョップラ CTO は「多くの行政機関は④まで満たしていた」と発言した[16]。

　さらに 2009 年 6 月 30 日、『IT Dashboard』というサイトも開設された。これは、連邦行政機関の IT 投資状況（予算超過していないか、進捗状況は遅れていないかといったことがわかる）を誰でも見られるように可視化したもので、国民が CIO にフィードバックを直接送れるようにした。クンドラ CIO は 2009 年 12 月 10 日、「『IT Dashboard』や『Data.gov』のようなイニシアティブを通じて、我々は閉鎖的で不透明、そして秘密主義の連邦政府の怠慢をオープンで透明性があり、参加できるものへと変えようとしている」と述べた[17]。

　しかし、このようにオバマ政権が次々にオープンガヴァメントを進めるのに対し、2010 年中間選挙で共和党が下院の多数派となった連邦議会は 2011 年春、これらのウェブサイトの運営財源となる基金の予算削減という手段

で「待った」をかけた。下院共和党は、2002年電子政府法（E-government Act of 2002）に基づく電子政府基金についてオバマ大統領を攻撃する恰好の材料の一つとみなして、2011年会計年度の同予算を前年度の3,400万ドルから800万ドルに削減した。

　その結果、ホワイトハウスは、透明性を高めるためのサイトとして『USA spending.gov』『Data.gov』『Performance.gov』『IT Dashboard』は残したが、さらなる更新や開発ができなくなった。さらに、連邦職員間のコミュニケーションを容易にするためのソーシャルプラットフォームであった『FedSpace』をやめざるを得なくなった[18]。図4-1は2010年会計年度から2014年会計年度までの電子政府基金の予算を示したものである。

　これまで説明してきた通り、オバマ政権は政権発足時からオープンガヴァメントを政権運営の柱として進め、さまざまな手を尽くしてきた。しかし、その評価は決して芳しくない。とはいえ、政府の透明性を高め、協業を進め、多くの政府のデータが国民に開放され、国民は付加価値をつけてこれ

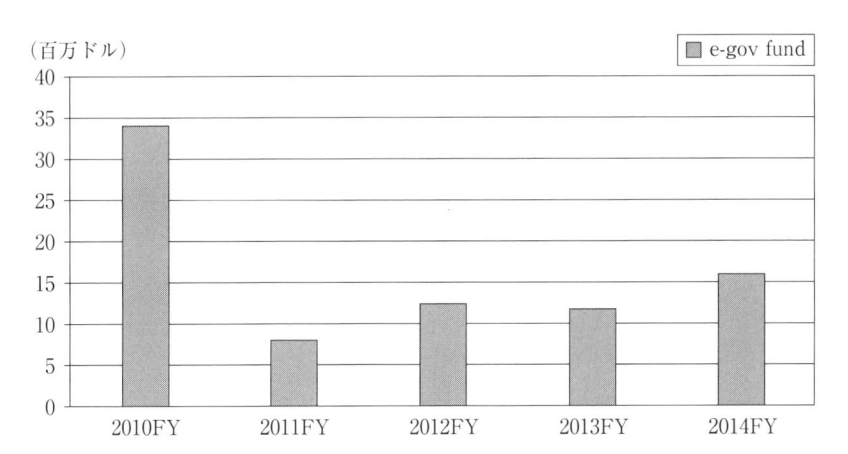

図 4-1　2010 年会計年度から 2014 年会計年度　電子政府基金予算の推移

出所：FY 2014 Annual Report to Congress E-government Act Implementation, FY 2013 Annual Report to Congress E-government Act Implementation, FY 2012 Report to Congress on the Implementation of the E-government Act of 2002, FY 2011 Report to Congress on the Implementation of the E-government Act of 2002, FY2010 Report to Congress on the Implementation of the E-government Act of 2002 より筆者作成。

らの情報を活用している、というプラスな見方もある（McClure, Dorris 2009/2010 : 36）。

他方で、『Open The Government.org』のパトリス・マックダーモット（Patrice McDermott）社長は「彼ら（オバマ政権）はよくやっていると思うが、まだやるべきことはたくさん残っている」と述べた[19]。また、国民は政府の活動について知識を共有したが、政策形成に直接国民を参加させることとは違い、これは政府が進む方向を変える必要があると思われるときに、国民が間接的な声を上げられるようになったという意味でしかない、という指摘もある（Katz, Barris, Jain 2013 : 117）。

さらに、オバマ政権はオープンガヴァメントの中でも透明性を高めるため、政府が情報公開を進めるオープンデータに力を入れてきた。しかし、国民からの評価はそれほど高くないという調査結果が、2015 年 4 月 21 日にピューリサーチセンターから発表された。超党派の世論調査機関であるピューリサーチセンターは、オープンデータについて国民の反応を初めて全国的に調査した結果を発表した。それによれば、「政府は、集めたデータを国民と非常に効果的にシェアしていると思うか」という項目に対し、5%が「そう思う」と答えたに過ぎない。「ある程度効果的にシェアしている」と答えた割合も 39%であった（Pew Research Center 2015 : 3）。

同調査では、「オープンデータの支持者は政府の活動に関する透明性を高めることに多くの恩恵があると述べるが、オープンデータは政府のサーヴィスや政府の決定の品質を助けることにつながると答えたのは、（回答した）アメリカ人の半数以下に過ぎない」と明らかにした（Pew Research Center 2015 : 4-5）。そして、回答者の 17%のみが政府のオープンデータイニシアティブのヘビーユーザであることもわかった。

彼らは政府のデータの詳細を理解するレベルにおり、政府のデータが公開されることで、政府のパフォーマンスが向上し、市民が政府に影響を与えられる、というように考えている（Pew Research Center 2015 : 7）。ピューリサーチセンターのジョン・ホーリガン（Jon Horrigan）はオンラインニュースサイトの『Nextgov』に対して、「国民の、政府のオープンデータイニシ

アティブに対する認知度は高くない」と述べている[20]。

3.「オープンガヴァメント」における「市民参加」の枠組み

（1）オンラインタウンホールミーティング

　オバマ大統領は 2009 年 3 月 26 日、既述の覚書で示した通り、市民の政治参加を促すため、初の試みとしてライヴストリーミングによるオンラインタウンホールミーティングを実施した。

　開催冒頭の挨拶で、オバマは「大統領選に出馬したとき、ホワイトハウスをアメリカ国民のために開放すると約束した。これはその目標を達成するための重要な一歩だ[21]」と述べた。実施に当たり、ホワイトハウスの公式ホームページである『WhiteHouse.gov』上に『The White House is Open for Questions』という大統領の動画メッセージを掲示し、オンラインで質問を国民から募った。オンラインタウンホールミーティングの模様は『WhiteHouse.org』から 2015 年 12 月 5 日現在も視聴できる[22]。

　オンラインタウンホールミーティングの開催までに 9 万 2,937 人が 10 万 3,978 の質問を動画による投稿も含めて提出し、178 万 2,650 人による人気投票が行われた（Katz, Barris, Jain 2013 : 52）。人気の高かった質問が司会者に取り上げられて、大統領がホワイトハウスのタウンホールミーティングの会場で実際にその場にいる参加者を前にして答える、という形式であった。寄せられた質問はヘルスケア、教育、経済、自動車産業や住宅問題など多岐にわたり、主にオバマ大統領は質問への回答に、自らの大型景気刺激策を披露した。最もオンラインで投票の多かった質問は、マリファナの合法化に関する予算と経済的インパクトに関するものだった[23]。

　これに対してオバマ大統領は、司会者が次の質問へ行こうとするのを制して「我々は質問に対して投票を行った。ある質問がその投票結果で高いランキングであった」と切り出し、「オンライン上のオーディエンスが何と言っているか知らないが、マリファナを合法化することが経済を成長させる戦略だとは思わない」と答えて、会場にいた参加者からは拍手と笑いが起こった

(Katz, Barris, Jain 2013 : 53)[24]。

　オンラインタウンホールミーティングの実施についてCNNは、「インターネットを通じて国民からの質問に答えた初めての大統領である。オンライン上で人々に自分たちが望む質問を提出させ、選ばれた質問に答えることで、政権は国民の支持を得ることにつながる、より透明性のある政権運営を目指している」とポジティヴなコメントを掲載した。また、「ジョージ W. ブッシュ（George W. Bush）大統領やクリントン大統領も国民とオンラインチャットをしたが、オバマがしたようにインターネットをプラットフォームとして行った大統領はいなかった。大統領と国との関係が変わりつつある」と、パーソナルデモクラシーフォーラムの共同創立者であるアンドリュー・ラジエ（Andrew Rasiej）の発言を掲載した。

　さらに、オンラインニュースサイトの『mashable.com』の編集者であるアダム・オストロー（Adam Ostrow）のコメントとして、「オンラインタウンホールミーティングによって、アメリカ人は選挙を超えて政治に関わるようになるだろう。これは政策決定に参加する感覚を人々に与えるだろう」と伝えている[25]。CNN はいずれもソーシャルメディアを使って市民の政治参加を促そうとしたオバマ政権の試みとして高く評価したコメントを掲載した。

　一方で、オンラインタウンホールミーティングは「テレビイヴェントとしてデザインされたもの」で、「オバマ政権はオーディエンスからの声にほとんど関心がなかった」と述べ、期待されていたほどには市民の声をホワイトハウスの政策形成にインプットすることには役立たなかったという厳しい見方もある（Katz, Barris, Jain 2013 : 53）。

　マリファナの合法化をめぐる質問と大統領の答え方は確かに「テレビイヴェント」的な要素が強く映るが、「人気の高い質問に答える」という姿勢をオバマ大統領が貫いたことは答えないよりも、オンラインの「声」に応えたことになるとも言える。

　しかし、カッツらは、「（"Open for Questions" のような）クラウドソーシングプロジェクトによって、アメリカ人は政府の政策形成に前例のないインプットを行える道を提供されたが、政権移行チームによる CBB（Citizen's

Briefing Book）プロジェクトにしてもホワイトハウスのオンラインタウン
ホールにしても、政策形成過程への意味のある市民参加にはならなかった」
と述べ、「政権が自分たちのポジションについて支持を得るため」「大統領の
イメージをオーディエンスに強く印象づけるため」に行われただけであると
批判する（Katz, Barris, Jain 2013 : 61）。

　オンラインタウンホールミーティングはこのように期待外れという評価も
あるが、2012 年大統領選挙キャンペーンには、フェイスブック、ツイッター
を使ったタウンホールミーティングへと発展していった。

　2011 年 7 月 6 日に行われた初のツイッタータウンホールミーティングは、
ホワイトハウスにとって、いまだ上向かない経済に対するメッセージを明確
にするという意義に加え、2012 年大統領選の再選に向けて主要なターゲッ
トとなる若い有権者を呼び戻すために役立った[26]。ホワイトハウスのコミュ
ニケーションディレクターのダン・ファイファー（Dan Pfeiffer）は、「我々
はどこからニュースや情報を入手するかという意味において、かつてとは違
う情報時代に突入した。だから我々はこれを行う」と述べた[27]。

　ツイッタータウンホールでは、質問は国民からツイッターを通して提出
され、どの質問に対して答えるのかという質問の選択は、最も多く提案され
た質問、すなわちユーザのリツイート数やリプライ数による人気度に基づい
てツイッター社のスタッフが選び、オバマ大統領が答えるという形式をとっ
た。下院議長のジョン・ベイナー（John Boehner）からの質問や糖尿病や
マリファナの合法化などの問題も選ばれた[28]。

　2012 年の選挙キャンペーンが本格化すると、ツイッタータウンホールは
人気のあるキャンペーンツールになっていった[29]。その裏付けとして、オ
バマの選挙キャンペーン戦略家のデイヴィッド・アクセルロッド（David
Axelrod）は大統領の経済政策に関するオハイオでの演説をフォローして、
28 のツイートとリツイートを @BarackObama アカウントを通じて送信した
と言われている[30]。

　また、オバマ大統領自身、2012 年大統領選挙キャンペーンでアイオワ州
でのクリーンエネルギー政策に関する演説をした後、パソコンに向かってツ

イッターで少数の質問に自ら答えている[31]。

　こうして見ると、ユーチューブやツイッターといったソーシャルメディア
を使ったタウンホールミーティングは、オバマ政権がオープンガヴァメント
の立場から政策形成に国民の声を反映させることを目的として始めたことで
メディアの注目も浴びたが、むしろ2012年大統領選再選に向けた選挙キャ
ンペーンのツールとして展開されていったと考えられる。

（2）　オンライン嘆願プラットフォーム ── "We the People"

　ソーシャルメディアを使ったタウンホールミーティングが単発的な国民の
政治参加の機会を創出したのに対して、オープンガヴァメントを促進する一
つのシステムとして、ホワイトハウスは2011年9月に発表された全米初の
オープンガヴァメントナショナル行動計画に基づき、『We the People』と
いうオンライン嘆願プラットフォーム（図4-2）を開始した。一定数の署名
が集まった嘆願について、政府の政策担当者が検討し、対応する仕組みで、
2015年11月23日現在も使われている。

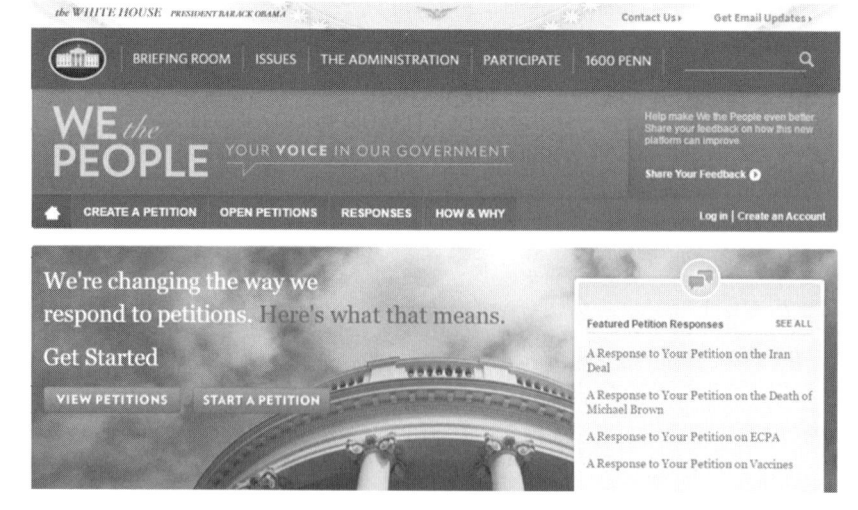

図4-2　オンライン嘆願プラットフォーム "We the People"
2015年11月23日アクセス
出所：https://petitions.whitehouse.gov/

　ホワイトハウスはこのオンライン嘆願によって政策が実現した事例として、2014 年 8 月 1 日にオバマ大統領が署名した「携帯電話端末の SIM ロック解除法（Unlocking Consumer Choice and Wireless Competition Act）」の成立を挙げている。

　2013 年 1 月、インターネットアクティヴィストのシーナ・カニファー（Sina Khanifar）が『We the People』を使い「携帯電話端末の SIM ロック解除」を求めた。これは、議会図書館が 2012 年のデジタルミレニアム著作権法の改正により、携帯電話端末の SIM ロックを解除することを違法としたことに対する反発であった。この嘆願に対して 30 日間に 11 万 4,000 の署名が集まり、ホワイトハウスは対応を迫られた[32]。

　検討した結果、『We the People』の嘆願に対する回答として、2013 年 3 月 4 日、「ホワイトハウスは犯罪や罰則のリスクがなければ携帯電話の SIM ロック解除を合法化するべきであると考える 11 万 4,000 人以上のあなたがたに同意する」というコメントを発表した[33]。

　SIM ロック解除が合法であれば、消費者は端末を変えることなく自分の好きな携帯電話会社のネットワークを使うことができる。さらにホワイトハウスは支持表明だけでなく、FCC や携帯電話会社、議会に対して働きかけ、FCC と携帯電話会社が自発的に同意できるように消費者に追加的な柔軟性を与えるように協力した[34]。

　しかし、カッツらは、携帯電話の SIM ロック解除法成立に関してはオバマ政権の政策に影響があった嘆願として認めているものの、オンライン嘆願プラットフォームの事例は市民の政治参加をインターネットが促進したというよりも、問題の識別に役立ったと批判的に述べた。また、それには大きな問題点がいくつかあると指摘した。例えば欠点として、オンライン嘆願システムに法的拘束力がないことや、いつまでに嘆願に対して回答をするのかというタイムラインも示されていないため嘆願がしばらく放置されることもある点である（Katz, Barris, Jain 2013：94）。

　中には『We the People』が発足した翌月に提出された嘆願で 1 年余り放置されているものもあり、『Nextgov』によれば、「回答を得ていない嘆願は

平均しておよそ 10 カ月回答を待たされている」と明らかにした[35]。

　また、嘆願が政府の政策担当者に対応されるまでには一定数の署名を集めなければならない。「一定数の署名」といっているが、このシステムが始まった 2011 年 9 月には、署名は 5,000 集まれば対応されることになっていた。しかし、ホワイトハウスは思っていたよりも嘆願の数が多かったことから、2011 年 10 月には嘆願に 30 日以内に 2 万 5,000 以上の署名が集まった場合に検討に取り上げると改定した。さらに 2013 年 1 月 15 日には 2 段階制になり、初めのステップとして、30 日以内に 150 の署名を集めた場合、『WhiteHouse. gov』サイトで検索可能とする。次のステップでは 30 日以内に 10 万の署名を集めた場合にホワイトハウスからの回答を得られるとした（Katz, Barris, Jain 2013 : 90）。

　さらに、オンライン嘆願には登録が必要だが、その結果嘆願者や署名者のプライヴァシー漏洩問題が懸念された。署名者のファーストネームとラストネームのイニシャルに、居住地の都市名および州がサイトに表示される。署名が公に表示され、それが取り除かれることはない。珍しい名前で小さな町に住んでいる人の場合、自分のことが特定されてしまうのではないかというジレンマがあったという（Katz, Barris, Jain 2013 : 91）。

　ホワイトハウス側もこうした『We the People』に対する批判の声を意識し、「あなた方は我々からの回答に対していつも満足ではないかもしれないが、我々はなぜその課題に行動を起こせないのかという理由について正直に伝え、なぜその課題を選ばないのかも伝える」と今後の改善点を示した[36]。

　2015 年 7 月 28 日までに、オバマ政権は 1,100 万の署名を集めた 255 の嘆願に対し回答し（それは一定の署名数を集めた嘆願の 91% 以上に当たる）、「嘆願を行ったおよそ 250 万人が我々から何らかの回答を得た」と記した[37]。さらに「ホワイトハウスはこれらの嘆願から挙げられた政策課題について調査分析する部署を設置した」と発表し、それらの政策課題についてツイッターで対話を行うことも発表した[38]。

　このように、『We the People』のオンライン嘆願システムは、国民の声を政策形成に反映させるというオバマ政権のオープンガヴァメントの象徴的

なシステムとして運用開始から4年間機能してきた。嘆願をしても放置されたということはあったが、参加者が「権力者に〈声を〉聞いてもらえた」という満足感を得られるといった付随的な恩恵はあった、と考えられる（Katz, Barris, Jain 2013 : 95）。

4. おわりに

　本章はオバマ政権がどのようにソーシャルメディアを政権運営に用いてきたのか、オープンガヴァメントの推進過程を振り返ってきた。

　情報公開を進めていくオープンデータについては国民にあまり認知されていないというピューリサーチの調査報告があるように、十分に活用されているとは言えない。政策形成に国民の声を反映させようとしたオンライン嘆願システムについては、携帯電話のSIMロック解除法成立事例にみられるように、中には政策形成にソーシャルメディアで集めた国民の声が反映されたものもある。

　ただ、オバマ政権のソーシャルメディアの利用はどちらかといえば政策形成に国民の声を反映させるというよりも、連邦政府機関から国民、市民への情報伝達、それもとりわけ危機に直面した際の情報伝達に役立ってきたと考えることができる。

　例えば、新型インフルエンザが流行した2009年4月22日から同年12月6日までの間、疾病対策センター（Center for Disease Control and Prevention）のH1N1ポッドキャストの視聴が260万回を超え、ユーチューブの動画でも関連するものが300万回以上の視聴となった[39]。2010年7月に立ち上げられた『HealthCare.gov』のサイトでも、利用者に医療制度改革法（Patient Protection and Affordable Care Act）について情報提供し、利用可能な健康保険の選択肢を見つけられるようにした。

　しかし、これに関してパーソナルデモクラシーフォーラムの共同創立者のミカー・シフリー（Micah Sifry）は「時宜に照らした価値のある情報を政府が提供するというもので、政策形成に国民の参加を駆り立てるものではな

い」と述べた（Katz, Barris, Jain 2013：133）。

　災害時に連邦政府、ローカル政府からの情報提供にソーシャルメディアが活用された事例もある。2012年10月下旬にヴァージニア州からマサチューセッツ州まで幅広い地域で甚大な被害を起こしたハリケーンサンディーに際し、連邦緊急管理庁（Federal Emergency Management Agency；以下FEMA）やFEMAのクレイグ・フガーテ（Craig Fugate）長官をはじめ、ナショナルウェザーサーヴィス、ニュージャージー州知事、ニューヨーク州知事、などはツイッターやフェイスブックを使って、避難命令を出し、被災者に避難場所の情報提供を行った（G. Hadddow, K. Haddow 2014：165-166）。

　FEMAは、被災者のソーシャルメディア上での会話を見ていくことが被災者のニーズを読み取るために重要であると考え、FEMAのウェブサイト上に「ルーモアコントロール」ページを置き、ソーシャルメディアで流れる情報の正誤判定を随時行い正しい情報を提供した。また、ツイッターチャットにより、「ヴァーチャルタウンホール」のような直接的なやり取りを被災者と行い、日ごろから人々になじみのあるソーシャルメディアを活用することで、被災者との双方コミュニケーションを緊密にした（清原 2014）。

　本章でこれまで見てきたように、オバマ政権のオープンガヴァメントは、2008年大統領選挙キャンペーン中から「市民の政治参加」をソーシャルメディアの活用で促すと謳ってきた分、期待ほどではなく、拍子抜けという指摘は否めない。その点はオバマ政権のオープンガヴァメントの限界と言える。しかし、その真価は、次の政権にそれが引き継がれるのか、それとも大きく後退することになるのかによって明らかになると思われる。

　最後に、2008年大統領選挙戦においてオバマ陣営が行ったソーシャルメディアを使った戦略が、今や選挙キャンペーンにおいてどの候補者にとっても当然のことになったように、ソーシャルメディアの普及と選挙キャンペーンの常態化の観点からすれば、オバマ政権の次の政権も、政権運営にソーシャルメディアを活用する戦略をとることは十分考えられよう。

　＊本稿は、2014年度安倍フェローとしての研究成果の一部である。

注

1）　Jose Antonio Vargas, "The YouTube Presidency," *Washington Post.*
〈http://voices.washingtonpost.com/44/2008/11/the-youtube-presidency.html〉, 2015 年
11 月 16 日アクセス.

2）　"Change. gov Agenda Technology The Obama-Biden Plan."
〈http://change.gov/agenda/technology_agenda/〉, 2015 年 11 月 9 日アクセス.

3）　Dan McSwain "Your Seat at the table."
〈http://change.gov/newsroom/entry/seat_at_the_table/〉, 2015 年 11 月 11 日アクセス.

4）　Bobbie Johnson, "Senior figures call for Obama to name chief technology officer,"
The Guardian.
〈http://www.theguardian.com/technology/2009/jan/02/obama-technology-cerf〉, 2015
年 11 月 11 日アクセス.

5）　"The White House Office of the Press Secretary, President Obama Names Vivek
Kundra Chief Information Officer." 〈https://www.whitehouse.gov/the-press-office/
president-obama-names-vivek-kundra-chief-information-officer〉, 2015 年 11 月 11 日ア
クセス.

6）　Mohana Ravindranath, "CIO VanRoekel steps down, returns to USAID to work on
Ebola response," *Washington Post.* 〈https://www.washingtonpost.com/business/on-
it/cio-vanroekel-steps-down-returns-to-usaid-to-work-on-ebola-response/2014/09/19/
cc34a7ba-4017-11e4-b03f-de718edeb92f_story.html〉, 2015 年 11 月 11 日アクセス.

7）　Jack Moore, "White House Picks VMware's Tony Scott to be the next federal
CIO," *Nextgov.* 〈http://www.nextgov.com/cio-briefing/2015/02/white-house-names-
vmwares-tony-scott-next-federal-cio/104730/〉, 2015 年 11 月 8 月アクセス.

8）　John F. Sargent Jr. "A Federal Chief Technology Officer in the Obama Admini-
stration: Options and Issues for Consideration," Specialist in Science and Technology
Policy Congressional Research Service.
〈https://www.fas.org/sgp/crs/misc/R40150.pdf〉, 2015 年 11 月 26 日アクセス.

9）　John P. Holdren, "Todd Park Named New U.S. Chief Technology Officer," 〈https://
www.whitehouse.gov/blog/2012/03/09/todd-park-named-new-us-chief-technology-
officer〉, 2015 年 11 月 11 日アクセス.

10）　John P. Holdren, "President Obama Names Megan Smith U.S. CTO, Alexander
Macgillivray Deputy U.S. CTO." 〈https://www.whitehouse.gov/blog/2014/09/04/
president-obama-names-megan-smith-us-cto-alexander-macgillivray-deputy-us-cto〉,
2015 年 12 月 5 日アクセス.

11）　Barack Obama, "Memorandum for the heads of executive departments and agencies."

〈https://www.whitehouse.gov/sites/default/files/omb/assets/memoranda_fy2009/
m09-12.pdf〉，2015 年 11 月 10 日アクセス日．

12) Ibid.

13) M-10-06 Memorandum for the Heads of Executive Departments and Agencies.
〈https://www.whitehouse.gov/sites/default/files/omb/assets/memoranda_2010/
m10-06.pdf〉，2015 年 11 月 10 日アクセス．

14) "OMB watch Applause Obama Administration's Step Forward on Open Government,"
Center for Effective Government. 〈http://www.foreffectivegov.org/print/10035〉，
2015 年 11 月 28 日アクセス．

15) M-10-06 Memorandum for the Heads of Executive Departments and Agencies.
〈https://www.whitehouse.gov/sites/default/files/omb/assets/memoranda_2010/
m10-06.pdf〉，2015 年 11 月 10 日アクセス．

16) Testimony of Aneesh Chopra Chief Technology Officer and Associate Director for
Technology Office of Science and Technology Policy Executive Office of the President
of the United States, Before The Subcommittee on Federal Financial Management,
Government Information, Federal Services, and International Security Committee
on Homeland Security and Governmental Affairs, United States Senate Hearing
on "Removing the Shroud of Secrecy: Making Government More Transparent and
Accountable."
〈https://www.whitehouse.gov/sites/default/files/microsites/ostp/chopra-
testimony-03232010.pdf〉，2015 年 11 月 11 日アクセス．

17) Vivek Kundra Testimony on Data Driven Performance.
〈https://cio.gov/vivek-kundra-testimony-on-data-driven-performance/〉，2015 年 11 月
26 日アクセス．

18) Alice Lipowicz, "Budget cuts hit e-gov efforts hard", *The Business of Federal
Technology.* 〈https://fcw.com/Articles/2011/05/25/Egov-budget-cuts-FedSpace-Data.
gov.aspx?p=1〉，2015 年 11 月 28 日アクセス．

19) Jennifer Lafleur, "Has Obama Kept His Open-Government Pledge?" *ProPublica*
〈http://www.propublica.org/article/has-obama-kept-his-open-government-pledge〉，
2015 年 11 月 29 日アクセス．

20) Mohana Ravindranath, "Few Americans Think Federal Open Data Programs Are
Effective," *Nextgov.* 〈http://www.nextgov.com/technology-news/2015/04/few-americans-
think-federal-open-data-programs-are-effective/110584/〉，2015 年 11 月 27 日アクセス．

21) "Remarks by the President at 'Open for Questions' Town Hall," White House Office
of the Press Secretary, For Immediate Release.

⟨https://www.whitehouse.gov/the-press-office/remarks-president-open-questions-town-hall⟩，2015 年 12 月 2 日アクセス．

22)　Online Town Hall.
⟨https://www.whitehouse.gov/video/Online-Town-Hall-March-26-2009/⟩，2015 年 12 月 5 日アクセス．

23)　Michael A. Fletcher and Jose Antonio Vargas, "The White House, Open for Questions," *Washington Post*. ⟨http://www.washingtonpost.com/wp-dyn/content/article/2009/03/26/AR2009032604316_pf.html⟩，2015 年 11 月 16 日アクセス．

24)　Online Town Hall.
⟨https://www.whitehouse.gov/video/Online-Town-Hall-March-26-2009/⟩，2015 年 12 月 5 日アクセス．

25)　"Obama goes online for town hall meeting," CNN.
⟨http://www.cnn.com/2009/POLITICS/03/26/obama.online/⟩，2015 年 11 月 17 日アクセス．

26)　Chris Cillizza, "Obama's Twitter Townhall: A Win-win for the White House," *Washington Post*. ⟨https://www.washingtonpost.com/blogs/the-fix/post/obamas-twitter-townhall-a-win-win-for-the-white-house/2011/07/06/gIQApFPR0H_blog.html⟩，2015 年 11 月 17 日アクセス．

27)　Ibid.

28)　Laura Meckler, "Obama takes Twitter Queries," *The Wall Street Journal*.
⟨http://www.wsj.com/articles/SB10001424052702303544604576430082812040322⟩，2015 年 11 月 17 日アクセス．

29)　Zach Green, "5 Lessons From Obama's Twitter Town Hall," *mashable.com*.
⟨http://mashable.com/2012/06/15/obama-twitter-townhall-2/#qfbXZuULoaq3⟩，2015 年 11 月 17 日アクセス．

30)　Ibid.

31)　Dan Lothian, "Obama mini Twitter town hall," *CNN*.
⟨http://whitehouse.blogs.cnn.com/2012/05/24/obama-mini-twitter-town-hall/⟩，2015 年 11 月 17 日アクセス．

32)　Ezra Mechaber, "Here's How Cell Phone Unlocking Became Legal."
⟨https://www.whitehouse.gov/blog/2014/08/15/heres-how-cell-phone-unlocking-became-legal⟩，2015 年 11 月 23 日アクセス．

33)　R. David Edelman, "It's Time to Legalize Cell Phone Unlocking."
⟨https://petitions.whitehouse.gov/response/its-time-legalize-cell-phone-unlocking⟩，2015 年 11 月 23 日アクセス．

34)　Ezra Mechaber,（August 15, 2014）, 2015 年 11 月 23 日アクセス.

35)　Joseph Marks,“The White House Owes Responses to 30 Citizen Petition: Some have Been Waiting for Years,”*Nextgov.*〈http://www.nextgov.com/emerging-tech/2014/01/white-house-owes-responses-30-citizen-petitions-some-have-been-waiting-years/76172/?oref=ng-HPtopstory〉, 2015 年 11 月 23 日アクセス.

36)　“How We're Changing the Way We Respond to Petitions.”〈https://www.whitehouse.gov/blog/2015/07/28/how-we-are-changing-way-we-respond-petitions〉, 2015 年 11 月 18 日アクセス.

37)　Ibid.

38)　Ibid.

39)　“Connecting America The National Broadband Plan,”*FCC*〈https://transition.fcc.gov/national-broadband-plan/national-broadband-plan.pdf〉, 2015 年 11 月 29 日アクセス.

参考文献一覧

外国語文献

Chopra, Aneesh（2014）*Innovative State,* New York: Atlantic Monthly Press.

Cook, Corey（2002）“The Contemporary Presidency: The Permanence of the 'Permanent Campaign': George W. Bush's Public Presiency,”*Presidential Studies Quarterly,* 32（4）, pp.753-764.

Gainous, Jason. and Kevin M. Wagner,（2014）*Tweeting to Power*, Oxford: Oxford University Press.

Haddow, George. D., and Kim. S. Haddow,（2014）*Disaster Communications in a Changing Media World Second Edition,* Oxford: ELSEVIER.

Horrigan, John B., Lee. Rainie, and Dana. Page（2015）“Americans' Views on Open Government Data”, *Pew Research Center.*〈http://www.pewinternet.org/files/2014/10/PI_OpenData_072815.pdf〉, 2015 年 11 月 17 日アクセス.

Katz, James E., Michael Barris, and Anshul Jain（2013）*The Social Media President,* New York: Palgrave MacMillan.

McClure, David. and Martha. Dorris,（2009/2010）“The Obama Technology Agenda: Open, Transparent, and Collaborative”, *The Public Manager,* Winter 2009/2010, pp.36-39.

邦語文献

奥村裕一（2009）「第11回オバマ政権の『オープンガバメント』」*The Asahi Shimbun Globe.*〈http://globe.asahi.com/mediawatch/091123/01_01.html〉，2015年11月8日アクセス

——（2010）「オバマのオープンガバメントの意味するもの — 今後も続く完成への長い道のり」『三菱UFJリサーチ＆コンサルティング季刊政策・経営研究』第4巻、pp.51-79

清原聖子（2011）「第1章アメリカのインターネット選挙キャンペーンを支える文脈要因の分析」清原聖子、前嶋和弘編『インターネットが変える選挙』慶應義塾大学出版会、pp.1-25

——（2014）「アメリカ流・災害時の情報コミュニケーションにおけるソーシャルメディアの活用」『東京財団』
〈http://www.tkfd.or.jp/research/project/news.php?id=1327#〉，2015年11月29日アクセス

前嶋和弘（2010）「オバマ政権とソーシャルメディア — 新しい政治コミュニケーションが動かす政策運営」『言語と文化』22巻、pp.99-114

——（2011）「第2章ソーシャルメディアが変える選挙戦 — アメリカの事例」清原聖子、前嶋和弘編『インターネットが変える選挙』慶應義塾大学出版会、pp.27-49

横江公美（2010）「オバマ大統領を生んだネット戦略は政権運営に活かされているか」久保文明・東京財団現代アメリカプロジェクト編『オバマ政治を採点する』日本評論社、pp.55-64

第5章

シンクタンク
——「アイディア業界」の変容

1. はじめに

　シンクタンクを定義すれば、「政策的インプリケーションのある研究およびその提言に従事する機関」となろう。今日、このような研究機関は世界的に見られるものの、発達の度合いにおいてアメリカに並ぶ国はない[1]。アメリカでは 400 近くものシンクタンクが活動しており、その影響力の大きさを示すエピソードも少なくない。そのため、首都ワシントンを中心に「アイディア業界（ideas industry）が成立している」と言われるほど、アメリカのシンクタンクは注目を集めている[2]。

　アメリカにおいてシンクタンクが誕生したのは 20 世紀初頭のことである。専門知識への楽観的期待を特徴とする当時の革新主義を背景に、ブルッキングス研究所（Brookings Institution）、カーネギー国際平和財団（Carnegie Endowment for International Peace）、外交問題評議会（Council on Foreign Relations）といった現在でもアメリカを代表するシンクタンクが生まれた。

　ただし、1960 年代までシンクタンクの世界は総じて地味な存在であった。数が限られていたうえに、シンクタンクでは時間をかけて研究を行い、その成果を学術書並みの長文の報告書として発表することが一般的であった。言い換えると、当時のシンクタンクには日々の政策論議に積極的に関わろうとする性格はなく、そのため日常的に注目されることはなかった（久保 2011：205-211）。

　以上の状況が変わり始めるのは、1970 年代に入ってからである。保守勢

力が巻き返しを図り、「限定的政府」、「自由市場」、「強固な国防」等の保守主義原則を掲げるシンクタンクが続々と生まれ、シンクタンクの世界が一気に拡大していく。また、保守系シンクタンクは目の前の政策論議に影響を及ぼそうとアドヴォカシーにも力を入れ、長文ではなく簡潔平易なレポートの作成や、メディアでの発言を重視する。

　こうして、シンクタンクは徐々に目に見える存在となっていく。そして、ロナルド・レーガン（Ronald Reagan）政権発足時におけるヘリテージ財団（Heritage Foundation）をはじめとした保守系シンクタンクの目覚ましい活躍によって、シンクタンクはアメリカ政治を分析するうえで欠かせないとの認識が定着することになった[3]。

　以上から、アメリカのシンクタンクについては1970年代が大きな転換点であると考えられているが、オバマ（Barack Obama）時代についても3つの新たな現象から1970年代に匹敵する、あるいはそれ以上の転換点になったと指摘できるかもしれない。

　まず、第一にリベラル系シンクタンクの台頭である。第二に、シンクタンクの501（c）4団体化と呼べる現象である。第三に、シンクタンクに対する批判が著しく増大したことである。いずれもアメリカ政治上極めて大きな意味をもつ。そこで、本章ではこれらの現象に着目しながら、オバマ時代のアメリカのシンクタンクについて論じる。

2.　リベラル系シンクタンクの台頭

（1）　リベラル派の覚醒

　オバマ政権発足に際して、アメリカ進歩センター（Center for American Progress；以下CAP）などのシンクタンクが躍進したが、このリベラル系シンクタンク台頭という現象を考えるうえでかつての保守派の動きは重要である。なぜなら、それは保守派の経験を学習した成果であったからである。

　先行研究が指摘している通り、保守派にとって1964年大統領選挙におけるバリー・ゴールドウォーター（Barry Goldwater）の惨敗は決定的に重要

な瞬間となった。保守派は、彼らの英雄が惨敗を喫したのは保守的アイディアを訴える団体が弱く、リベラル寄りのメディアや大学知識人の攻撃に対抗できなかったからだと結論付けた。そこで、以後保守派はインフラ整備を最優先に掲げ、ヘリテージ財団やケイトー研究所（Cato Institute）をはじめシンクタンクを相次いで設立するとともに、以前から細々と活動を続けていたアメリカン・エンタープライズ研究所（American Enterprise Institute；以下 AEI）やフーヴァー研究所（Hoover Institution）を強化する。

　また、1980 年代半ばを過ぎると、州レベルを「アイディアをめぐる戦いのもう一つの最前線」と位置付けて、この次元の政策課題に特化した政策研究機関の設立も推進していく。その結果、現在ではほとんどの州で保守系のシンクタンクが活動している。

　このように、保守派は意識してシンクタンクの設立に努めてきたが、対照的にリベラル派の出足は遅かった。それは、環境保護運動や消費者保護運動などの台頭に象徴されるように、1970 年代に入ってもリベラリズム全盛の時代が継続しているように見えたからであり、このような状況ではリベラル派内部においてシンクタンク強化を叫ぶ声は当然生まれなかった。

　しかし、それから 20 年余りが経過し、アメリカ政治における保守優位の状況がいっそう明らかになると、リベラル派の意識も次第に変化していき、かつての保守派と同様の問題意識を抱くようになる。すなわち、強力な保守派のインフラがアメリカ政治の保守化を牽引しているのに対して、「積極的な政府」や「プログレッシヴな政策」等を標榜する、リベラル派の団体はあまりにも弱々しいとの危機感が芽生えていく。

　確かに、予算優先政策センター（Center on Budget and Policy Priorities）などの研究機関は存在していたものの、それらは人員や予算が少なく、保守系シンクタンクとの力の差は歴然としていた。ようやくリベラル派はこの「現実」と向き合うようになり、以前の保守派のようにインフラを鍛え上げなければならないと考えるようになる。こうして、ジョージ W. ブッシュ（George W. Bush）政権が発足するころにはシンクタンクをめぐる動きが本格化していく[4]。

（2）　リベラル系シンクタンクの誕生

　ジョン・ポデスタ（John Podesta）は以上の動きを先導する一人であった。クリントン（Bill Clinton）政権時代、ホワイトハウス高官として日々強力な保守系シンクタンクと対峙する中、シンクタンクへの関心を増大させる。側近のジェニファー・パルミエリ（Jennifer Palmieri）によると、ポデスタはホワイトハウスの同僚に対しシンクタンクの必要性を熱心に説いて回るほどであった。

　そのため、ポデスタの行動は迅速であった。G.W. ブッシュ政権発足と同時に、シンクタンクの設立に取り掛かり、2003 年に遂に自らのシンクタンクである CAP を立ち上げる。CAP は、クリントン政権の元高官ら民主党の著名な専門家らを数多く取り込みながら、G.W. ブッシュ政権への対決姿勢を通じてリベラル派の政治インフラの拠点へと急成長を遂げていく（Savage 2008 ; Kosterlitz 2009）。

　一方、この時期に誕生したのは CAP だけではない。CAP 設立と前後して、ニュー・アメリカ財団（New America Foundation）、デモス（Demos）、サード・ウェイ（Third Way）、新アメリカ安全保障センター（Center for a New American Security ; 以下 CNAS）、トルーマン・プロジェクト（Truman National Security Project）などが生まれ、予算優先政策センターといった既存のシンクタンクも強化されていった。

　以上の動きについては、その資金源の充実も忘れてはならない。保守系シンクタンクの拡大において、スケイフ（Sarah Scaife Foundation）、オーリン（John M. Olin Foundation）、ブラッドレー（Lynde and Harry Bradley Foundation）をはじめとする、会長自身が保守主義原則を支持する財団の支援が不可欠であったことは広く知られているが、リベラル系シンクタンクの成長においても、ジョージ・ソロス（George Soros）やピーター・ルイス（Peter Lewis）らフィランソロピストの支援は極めて重要であった。彼らは、反ブッシュ・反保守主義感情をもち、ポデスタらの動きに共鳴し、デモクラシー・アライアンス（Democracy Alliance）というリベラル派富裕層を束ねる団体を立ち上げ、シンクタンクに多額の資金を投じていったのである

（宮田 2010：24-37）。

（3）オバマとリベラル系シンクタンク

　こうして拡大を遂げたリベラル系シンクタンクは、オバマ政権の誕生において大きな存在感を発揮することに成功する。

　無論、2008年大統領選挙の民主党候補者争いの時点ではリベラル系シンクタンク関係者が最初からオバマ支持で一枚岩となっていたわけではなく、当初最有力とされたヒラリー・クリントン（Hillary Clinton）を支持する者も少なくなかった。特に、大所帯のCAPでは研究員の間でオバマ、クリントンいずれを応援するかで対立が生じることがあったと言われている[5]。

　ただし、オバマが民主党候補の座を射止めると、リベラル系シンクタンク関係者は大挙してオバマの下に結集していく。その中でもCAPの活躍は際立ち、ポデスタ自ら政権移行委員会の共同委員長を務めるとともに、政権発足直前にはヘリテージ財団がレーガン政権発足直前に発表した政策提言集『リーダーシップのための負託（*Mandate for Leadership*）』をモデルに、『アメリカのための変革（*Change for America*）』を作成する。

　掲げるイデオロギーこそ異なるものの、ポデスタは、ホワイトハウス高官時代より「ヘリテージ財団のようなシンクタンクがリベラル派には必要である」という強い信念を抱いていた。そのため、ヘリテージ財団を徹底的に研究し、このシンクタンクの名を一躍有名にした『リーダーシップのための負託』を参考に、70名余りの専門家を集めて『アメリカのための変革』を作成したのである（Crowley 2008；Green, Jolin 2009）。

　以上の貢献から、CAP関係者の多くがオバマ政権の要職へと起用され、デニス・マクドノー（Denis McDonough）、ニーラ・タンデン（Neera Tanden）、メロディ・バーンズ（Melody Barnes）ら40名近くが政権入りを果たす。

　また、他のリベラル系シンクタンク関係者の多くもオバマ政権によって引き抜かれる。例えば、2007年にCNASを創設したカート・キャンベル（Kurt Campbell）とミシェル・フロノイ（Michele Flournoy）はそれぞれ国務次

官補、国防次官に任命され、他の研究員も外交国防の要職へと起用される。オバマ政権において活躍する若手高官の中にもリベラル系シンクタンク出身者が少なからずおり、ベン・ローズ（Ben Rhodes）やジェイク・サリヴァン（Jake Sullivan）らは、CNAS と同様、民主党の安全保障政策の強化を目的としたシンクタンクである、トルーマン・プロジェクトの出身者であった（Dreazen 2008 ; Eggen 2009 ; Baron 2014）。

　その後もリベラル系シンクタンクはオバマ政権を支え、オバマケア（Obamacare）など政権の政策課題を推進していく。一方、オバマ政権の一期目後半になると、退任した政府高官がリベラル系シンクタンクに移籍する例や、復帰する例が増えていく。

　保健福祉省の上級顧問として、オバマケアの策定に関わったタンデンは、2010 年に CAP に復帰し、ポデスタから所長の座を引き継ぐ。フロノイも古巣に戻った一人であり、2012 年に CNAS 最高責任者に就任している。さらに、国務省政策企画室室長であったアン・マリー・スローター（Anne-Marie Slaughter）は、ニュー・アメリカ財団所長に就任する。このようなケースが、オバマ政権一期目の後半には数多く見られるようになる。クリントン政権時代、シンクタンクが乏しく「民主党政権の高官には帰る場所がない」と嘆く声もあったが、そのころとはまったく異なる状況となった（Baer 2001）。

　二期目に入っても、政府とリベラル系シンクタンクの間での人材の行き来は継続し、CAP の運営に身を捧げてきたポデスタ自身も大統領顧問として2014 年にオバマ政権入りする。そして、現在行われている 2016 年大統領選挙でも、再びリベラル系シンクタンク関係者は民主党候補を応援している。今回もその筆頭は CAP である。ポデスタを筆頭に、タンデン、パルミエリ、マヤ・ハリス（Maya Harris）ら多くの CAP 関係者がクリントンを支えている（Glueck 2015）。

　レーガン政権を境に、共和党政治家を保守系シンクタンクが選挙、統治の両次元で支える構造が出現した。G.W. ブッシュ政権においても、AEI などの研究員が政府の政策立案に影響を及ぼしていたことは周知の事実である（Micklethwait, Wooldridge 2004）。過去 8 年の状況は、民主党政治家とリベ

ラル系シンクタンクの間で同様の構造が遂に生まれたことを示している。

3. シンクタンクの 501（c）4 団体化

（1）シンクタンクの政治活動

　アメリカにおいてシンクタンクは非営利団体であり、その大半は内国歳入法上の第 501 条（c）項 3 号団体（以下、501（c）3 団体）として登録されている。しかし、近年、第 501 条（c）項 4 号団体（以下、501（c）4 団体）を併設するシンクタンクや、同団体として発足するシンクタンクが出てきていることは注目される。なぜなら、この法的地位を獲得することにより、シンクタンクの政治活動の範囲が格段に広がるからである。

　501（c）3 団体は「宗教、慈善、科学、教育」等を目的としている団体に認められ、法人税の免除とともに寄付金控除対象団体としての資格が与えられている。そのため、個人や団体から寄付が集まりやすい。また、財団は事実上同団体への支援に特化していることから、財団の大口助成も期待できる。ただし、これだけの税制上の優遇措置を受けられる反面、高い公益性が求められ、政治活動には厳しい制約が課されている。選挙に関与することは固く禁じられ、組織として特定候補を応援することは許されない[6]。ロビーイングに対する規制も厳しく、特定法案の賛否を大々的に訴えることはほぼ不可能である。

　501（c）4 団体は「社会福祉団体」と定義され、税制上の特典は法人税の免除のみであるが、その一方でさまざまな政治活動が可能である。ロビーイングについてはほぼ無制限に行うことができ、候補者への政治献金や候補者の当落を直接訴えることは禁じられているものの、党派的な方法により候補者を採点することや意見広告は許容されている。要するに、501（c）3 団体と比べると、501（c）4 団体は非常に広範な政治活動に従事することができる（阿部・久保 2002：149-155）。

　近年、このような 501（c）4 団体を併設するケースや、同団体として発足するケースが生まれている。前者のケースでは、ヘリテージ財団のヘリテー

ジ・アクション・フォー・アメリカ（Heritage Action for America）、CAP の CAP アクション・ファンド（Center for American Progress Action Fund）、超党派政策センター（Bipartisan Policy Center）の超党派政策センター・アドヴォカシー・ネットワーク（Bipartisan Policy Center Advocacy Network）、競争的企業研究所（Competitive Enterprise Institute）の競争的企業のためのアメリカ人の会（Americans for Competitive Enterprise）、アメリカン・アクション・フォーラム（American Action Forum）のアメリカン・アクション・ネットワーク（American Action Network）があり、後者のケースではサード・ウェイとトルーマン・プロジェクトがある。

（2）ヘリテージ・アクションの活動

　無論、アメリカのシンクタンク全体として見れば以上の動きは一部に過ぎない。しかし、上記で挙げたシンクタンクはいずれも有力シンクタンクであることを考えると、他のシンクタンクに影響を及ぼす可能性は否定できない。そこで、現在 501（c）4 団体としてもっともアメリカ政治を賑わせている、ヘリテージ・アクションの活動について概観したい。

　ヘリテージ・アクションは 2010 年春に誕生し、以来、マイク・ニードハム（Mike Needham）という 30 代前半の若手が指揮している。ニードハムは、ヘリテージ財団創設者で長く所長の座にあったエドウィン・フルナー（Edwin Feulner）の補佐官を務めた経歴こそ有するものの、ワシントン政界では無名に近い人物であった。しかし、このニードハムの指導力の下、ヘリテージ・アクションはその非妥協的性格から頭角を現していく。

　ヘリテージ・アクションは、共和党議員を厳しく監視していることで知られる。議員一人ひとりの投票行動を評価する「スコアカード」というプロジェクトでは、一般に保守的と見られている共和党議員に対しても独自の基準に基づき低い点数を付けることがある。また、ヘリテージ・アクションは草の根のロビーイングも展開しており、その主力となっているのが「センチネル（sentinel）」と呼ばれる活動家である。6,000 名余りいるとされる、センチネルはほぼすべての選挙区に配置され、共和党議員を地元からのさまざ

まな圧力にさらしている（Ioffe 2013 ; Edwards 2013 : 359-363）。

2013年春、長きにわたりヘリテージ財団を率いてきたフルナーが所長の座を退き、その後任に共和党保守派を代表するジム・デミント（Jim DeMint）上院議員が就任する。このデミントの後押しを受けて、ヘリテージ・アクションの活動はさらに勢いづき、間もなく大きな成果を上げる。

同年秋、17年ぶりに連邦政府機関が一時的に閉鎖される事態となった。下院共和党がオバマケアの実施予算の削除を強く求め予算協議が決裂した結果であったが、以上の過程でヘリテージ・アクションをはじめとする保守派の圧力は大きかったと言われている。すなわち、第二期オバマ政権が発足した直後から、ティーパーティ・ペイトリオッツ（Tea Party Patriots）、繁栄のためのアメリカ人の会（Americans for Prosperity）など他の保守派団体と連携しながら、ヘリテージ・アクションが共和党議員に対してオバマケアの実施予算削減を支持するよう圧力を掛けていたことが、予算協議決裂をもたらした主たる要因の一つとなった（Stolberg, McIntre 2013）。

また、2015年秋、ジョン・ベイナー（John Boehner）下院議長が突然の引退を表明したが、このベイナー引退においてもヘリテージ・アクションの動向は注目された。ヘリテージ・アクションは経済成長クラブ（Club for Growth）とともに「保守主義原則に忠実ではない」として、以前よりベイナー降ろしを画策していた（Dumain, Fuller 2013）。

このように、ヘリテージ・アクションはその非妥協的な姿勢により共和党のいっそうの右傾化に少なからず貢献していると考えられている。言うまでもなく、以上の活動は501（c）3団体では不可能である。行き過ぎた政治活動であるとして、内国歳入庁によりその法的地位を剥奪される恐れがあるためである。

（3）501（c）4団体化の背景

なぜ、シンクタンクの501（c）4団体化という動きが生じているのか。この点を考えるうえで、先に挙げたシンクタンクが、一つを除きすべてイデオロギー系であるという事実は重要であろう。すなわち、今日の政治環境か

ら、イデオロギー系シンクタンクは次々と政治的な成果を上げていかなければならない現実に直面しており、そのため501（c）4団体化を選んでいるように思われる。

　ヘリテージ財団を例にとると、ヘリテージ財団は保守主義原則に基づく研究を通じて日々の政策論議に影響を及ぼすとともに、保守派の専門家の育成にも貢献してきた。正しく保守派のインフラの要として長年機能してきたが、ティーパーティ運動に象徴されるように、党派イデオロギー対立がいっそう激しさを増す中で、従来の活動のみでは不十分という認識を抱くようになったと考えられる。

　すなわち、保守主義運動のリーダーであり続けるためには、単に政策研究やそのアドヴォカシーに従事するだけでは足りず、立法面などで目に見える成果を次々に上げていかなければならないという焦りが生まれた。おそらく、保守派富裕層の最近の傾向もそうした焦りを増大させた可能性がある。チャールズ・コーク（Charles Koch）、デイビッド・コーク（David Koch）のコーク兄弟が象徴するように、保守派の富裕層は自己主張を強めている。彼らは、インフラ以上に、オバマケアの廃止といった短期的な目標に強い関心を示すようになっており、そのために活動している団体に多額の資金を投じる傾向がある。こうした中で、ヘリテージ財団は501（c）3団体と比べると、はるかに機動力のある501（c）4団体に注目するようになったと思われる[7]。

　いずれにせよ、501（c）4団体化という動きがさらに広がっていけば、シンクタンク像そのものを再考せざるを得なくなる。シンクタンクを「政策研究に従事する機関」とする既存の定義は明らかに不十分なものとなろう。

4. シンクタンクに対する批判の高まり

（1） イデオロギー系シンクタンク批判
　現在、シンクタンクについてはアメリカ政治の主体の一つであるとの認識が定着している。

　しかしその一方で、今日シンクタンクが厳しい視線にさらされていることも事実である。特に保守系シンクタンクについては以前から党派イデオロギー対立の産物であるとともに、それを助長する要因の一つであると批判されている（Sinclair 2006）。

　当然、本章で論じたリベラル系シンクタンクが台頭している現状や、シンクタンクの501（c）4団体化に対しても党派イデオロギー対立との観点から厳しい批判が浴びせられつつある。例えば、「専門知識と党派心を結び付けているのは右派だけではない」といった批判や、「シンクタンクの価値を低下させる」といった批判が見られる（Troy 2012 ; Bender 2013）。

　また、政治情勢の変化によって政策的立場を変えてしまうといった批判もある。最たる例は医療制度改革をめぐるヘリテージ財団の劇的な変化である。オバマケアの中核に位置付けられた個人の保険加入義務というアイディアは、元々1990年代に保守派の代案としてヘリテージ財団のスチュアート・バトラー（Stuart Butler）らが提唱していたものであった。しかし、このアイディアがオバマケアによって採用されると「間違っていた」としてあっさりと撤回し、上述した通り、ヘリテージ・アクションが中心となりオバマケアへの反対運動を展開する。ヘリテージ財団については移民政策などでも推進から反対に立場を変えたと批判されている（Ball 2013）。

　CAPに対しても同様の批判があり、アフガニスタン・イラク政策をめぐりG.W.ブッシュ政権をあれほど攻撃したにもかかわらず、オバマ政権のアフガン・イラク政策については「好意的だ」といった批判がある（Silverstein, 2013）。

（2）　中立系シンクタンク批判

　もっとも、アメリカのシンクタンクにはイデオロギー性の乏しいシンクタンクもある。そのほとんどは、保守系シンクタンクが登場する前の1960年代までに設立され、より客観的で独創的な研究の実現を志向し、またあらゆる党派・集団からの中立を強調するという特徴をもつ。そのため、中立系シンクタンクと言ってよいが、ブルッキングス研究所、カーネギー国際平和財

団、外交問題評議会、ランド研究所（RAND Corporation）、戦略国際問題研究所（Center for Strategic and International Studies；以下 CSIS）などはその代表である。

　今日アメリカのシンクタンク世界では、保守、リベラルのイデオロギー系シンクタンクが圧倒的に多く、実に 8 割を占める。しかし、数のうえでは少数派ではあるものの、中立系シンクタンクはイデオロギー系シンクタンクをはるかに上回る評価を国内外で獲得してきた。『世界のシンクタンク・ランキング（*Global Go To Think Tank Index Report*）』では、毎年上位をアメリカのシンクタンクがほぼ独占しているが、その大半はブルッキングス研究所などの中立系シンクタンクである（Think Tanks and Civil Societies Program 2015）。しかし、「最後の牙城」とも言える、この中立系シンクタンクに対してもある報道をきっかけに批判の声が生じつつある。

　2014 年 9 月、『ニューヨーク・タイムズ（*New York Times*）』紙は、アメリカ政府や議会に影響を及ぼす目的で、外国政府が中立系シンクタンクに多額の資金を提供しているとの長文の記事を掲載した。同紙によると、2011 年以降で 64 の外国政府と関係団体が 28 のシンクタンクに資金を提供し、その総額は少なくとも 9,200 万ドルに達する（Lipton, Williams, Confessore 2014）。

　また、同紙は日本、アラブ首長国連邦（UAE）、カタールの例に言及したうえで、ノルウェーの活動を詳しく紹介している。途上国での森林伐採対策や北極海のエネルギー開発をめぐりアメリカ政府の支持を得ようと、ノルウェーが過去 4 年間で少なくとも 2,400 万ドルにも及ぶ資金を、グローバル開発センター（Center for Global Development）、ブルッキングス研究所、CSIS、アトランティック・カウンシル（Atlantic Council）などに提供している実態や、「小国が力のある政治家や役人に接触することは難しい。シンクタンクへの寄付はそうしたアクセスを得る一つの手段だ」という、対米外交上の意義を強調したノルウェー政府の内部文書を紹介している。

　無論、アメリカのシンクタンクが外国政府や関連団体の寄付を受けることは違法ではなく、それ自体は何ら問題ではない。『ニューヨーク・タイムズ』

紙が懸念を表明したのは外国マネーの影響である。すなわち、外国政府の支援を得ようと、アメリカのシンクタンクが政策研究の中身を変えているのではないかと懸念を表明したのである[8]。その後、他のメディアも追随し、議会の一部からも懸念の声が生じた（Judis 2014 ; Lipton 2014）。

　当然、名指しされたシンクタンクは外国マネーの影響を否定しているが、中立系シンクタンクが評価されてきた大きな理由の一つはその「独立性」をめぐる認識であった。特定勢力のインフラとして機能しているイデオロギー系シンクタンクとは異なり、いかなる集団の影響下にもないと見られ、中立系シンクタンクが実施する研究は信頼されてきた。

　しかし、今回その強みとも言える部分に懸念の声が示された。それゆえに大きな反響を呼んだのであり、軽視されるべきではない（Drezner 2014）。なお、外国マネーほどではないにせよ、国内大企業などからの中立系シンクタンクへの莫大な寄付を問題視する報道もある（Hamburger, Becker 2014）。

（3）　外国マネーとアメリカのシンクタンク

　外国マネーとアメリカのシンクタンクの関係について付言すると、実は中立系シンクタンクに対する外国マネーの流入自体は決して新しい現象ではない。

　日米貿易摩擦が生じていた 1990 年代初頭、日本が対米ロビーの一環でアメリカの有力シンクタンクに資金を提供していたことは知られており、そのころジョン・ジューディス（John Judis）やパット・チョート（Pat Choate）らは、ブルッキングス研究所、CSIS、経済開発委員会（Committee for Economic Development）などが日本政府や日系企業の資金を受けていると「告発」していた（Judis 1990 ; Choate 1990）。

　1980 年代以降、中立系シンクタンクは新たな資金源を獲得しなければならない状況に直面するようになった。長く主たる資金源であった連邦政府の補助金は小さな政府を掲げたレーガン政権によって大幅に削減され、同じく重要な資金源であったフォード財団（Ford Foundation）などの大型助成も景気低迷を理由に削減されてしまった。

その結果、中立系シンクタンクは、ほとんど力を入れてこなかった民間での資金調達を行わざるを得なくなり、新たな資金源を求めて大企業を中心に寄付を募るようになった（Smith 1991 : 112-117）。そして、その延長として日本政府などの支援も受けるようになったと考えられる。

とはいえ、当時アメリカのシンクタンクに資金を積極的に提供していた国はさほど多くなく、外国マネーが問題視されるようなことはなかった。外国マネーが大量に流入するようになったのは、つい最近のことであろうと思われる。ノルウェー政府の文書が示すように、より多くの国々がシンクタンクへの支援に対米外交上の意義を見いだすようになった可能性がある。例えば、UAE がアメリカのシンクタンクに資金を提供するようになったのは 2008 年からである（Grim, Ahmed 2015）。

表 5-1　主要なシンクタンクの年間収入額と職員数（2013 年）

	年間収入額	職員数
ブルッキングス研究所	1 億ドル	566 名
カーネギー国際平和財団	2,700 万ドル	189 名
外交問題評議会	6,100 万ドル	379 名
CSIS	4,100 万ドル	340 名
ランド研究所	2 億 9,000 万ドル	2,052 名
国際経済研究所	1,000 万ドル	77 名
アトランティック・カウンシル	2,100 万ドル	124 名
ヘリテージ財団	1 億 1,000 万ドル	582 名
ヘリテージ・アクション	880 万ドル	43 名
AEI	6,400 万ドル	222 名
ケイトー研究所	2,800 万ドル	233 名
ハドソン研究所	1,300 万ドル	63 名
マンハッタン政策研究所	1,700 万ドル	76 名
CAP	4,000 万ドル	372 名
CAP アクション・ファンド	690 万ドル	
予算優先政策センター	3,700 万ドル	195 名
ニュー・アメリカ財団	2,000 万ドル	202 名

出所：各シンクタンク財務報告書より

　また、近年主要シンクタンクの大規模化が進行していることも影響しているように思われる。主要シンクタンクの年間予算は数千万ドルに達し、1億ドルを超えるシンクタンクもある。言うまでもなく、この水準を維持するにはあらゆる方面から資金を調達する必要があり、そのプレッシャーは相当なものである。このように、外国政府の思惑やシンクタンクの財政事情から、ここ数年で大量の外国マネーがアメリカのシンクタンクに流入する状況が生じていると考えられる[9]。

5.　お わ り に

　アメリカ政治におけるシンクタンクの需要は依然として高い。2016年大統領選挙においても民主・共和両党候補者の政策アドヴァイザーを多数のシンクタンク関係者が務めており、今後もシンクタンクがアメリカ政治の主たるアクターの一つであり続けることは間違いない（ペイツ・宮田 2015）。

　その一方で、シンクタンクをめぐる見方がますます厳しくなってきている状況は軽視されるべきではないだろう。リベラル系シンクタンクの台頭やシンクタンクの 501（c）4 団体化は、党派イデオロギー対立を助長しているという、イデオロギー系シンクタンク批判をさらに強めている。加えて、これまで高い評価を受け、アメリカを代表するシンクタンクと目されてきた中立系シンクタンクも、外国マネーなどをめぐって批判を受けつつある。

　アメリカのシンクタンクは 20 世紀初頭に誕生したが、その百年余りの歴史においてこれほどまでに厳しい批判にさらされたことはなかった。それは、シンクタンクの影響力が認められているもう一つの証とも言えるが、以上の批判が広がり続けるようであると、シンクタンクに対する否定的なイメージがアメリカ国民の間にも浸透しかねない。アメリカの「アイディア業界」は岐路に立たされているのかもしれない。

注

1)　アメリカにおいてシンクタンクが発達している要因としては、①官僚制における政治任用職の多さといった制度的要因、②財団をはじめとした豊富な資金源という財政的要因、③ 1970 年代以降のアメリカ政治の変動という政治的要因、主にこの 3 つが挙げられよう。

2)　シンクタンクの数は『シンクタンク要覧（*Think Tank Directory*）』やインターネット情報等を基に計算した（Hellebust, Hellbust 2006）。

3)　先行研究の中には、1970 年代を境にアメリカのシンクタンクが本格的に誕生したとの見方もある（Medvetz 2012）。

4)　こうしたリベラル派の覚醒についてはマット・バイ（Matt Bai）の論文が詳しい（Bai 2007）。

5)　リベラル系シンクタンク関係者とのインタヴュー（2012 年 3 月 20 日）。

6)　ただし、501（c）3 団体の職員が「個人の立場」で候補者のアドヴァイザーを務めることには一切制約はない。

7)　中山俊宏は、ヘリテージ・アクションの設立に関して、従来の保守主義運動とは異質なティーパーティ運動の影響を指摘している（中山 2013: 239-246）。

8)　アメリカのシンクタンクに資金を提供している外国政府の数や、その総額は今回の報道よりもはるかに多いと見られている。非営利団体は、毎年監督官庁の内国歳入庁に財務報告書を提出することを義務付けられているが、同報告書では寄付の内訳までは明記されず、そのため誰がどの程度の額を提供したかはわからない。そこで、寄付の内訳について知る方法は、基本的に各シンクタンクが発行する年次報告書などとなる。ただし、すべてのシンクタンクが年次報告書においてそうした情報を明らかにしているわけではない。なお、『ニューヨーク・タイムズ』紙がブルッキングス研究所や CSIS に注目したのは、これらシンクタンクが年次報告書などで寄付の内訳を積極的に公開してきたという事情もある。他方、ノルウェー政府の例が詳しく取り上げられたのは、外国政府の中で同国が突出してアメリカのシンクタンクに資金を提供しているということではない。同国の情報公開制度の下で多くの関連文書を入手することができたからである。

9)　一連の報道では中立系シンクタンクに焦点が当てられたのだが、イデオロギー系シンクタンクにも相当な額の外国マネーが入っている模様である。ジャーナリストのケン・シルバースタイン（Ken Silverstein）は、「アメリカ進歩センターと他のシンクタンクの秘密の支援者（The Secret Donors Behind the Center for American Progress and Other Think Tanks）」という記事で、CAP が外国マネーを受けていると報じている。

参考文献一覧

外国語文献

Abelson, Donald E.（2006）*A Capitol Idea: Think Tanks & US Foreign Policy*, Montreal & Kingston McGill-Queen's University Press.

Baer, Kenneth S.（2001. 2. 28.）"Homeless Democrats," *Slate*.

Bai, Matt（2007）*The Argument: Inside the Battle to Remake Democratic Politics*, New York: Penguin Books.

Ball, Molly（2013. 9. 25.）"The Fall of the Heritage Foundation and the Death of Republican Ideas," *The Atlantic*.

Baron, Kevin（2014. 6. 6.）"Meet the Insurgency: Inside the Liberal Take-Over of U.S National Security," *Defense One*.

Bender, Bryan（2013. 8. 11.）"Many D.C. think tanks now players in partisan wars," *Boston Globe*.

Choate, Pat（1990）*Agents of Influence: How Japan's Lobbyists in the United States Manipulate America's Political and Economic System*, New York: Alfred D Knopf.

Crowley, Michael（2008. 11. 19.）"The Shadow President," *New Republic*.

Dreazen, Yochi（2008. 11. 16.）"Obama Dips Into Think Tank for Talent," *Wall Street Journal*.

Drezner, Daniel W.（2014. 9. 8.）"Why I'm not freaking out too much about the foreign funding of American Think Tanks," *Washington Post*.

Dumain, E. and M. Fuller（2013. 6. 27.）"Boehner Takes Heat From Club for Growth and Heritage Action," *Roll Call*.

Edwards, Lee（2013）*Leading the Way: The Story of Ed Feulner and the Heritage Foundation*, New York: Crown Forum.

Eggen, Dan（2009. 6. 4.）"Groups on the Left Are Suddenly Top," *Washington Post*.

Erickson, R., L. Harmon and T. Germain（2015）"The Sheldon Adelson Primary." 〈https://www.americanprogressaction.org/issues/general/report/2015/04/23/111659/the-sheldon-adelson-primary/〉, 2015 年 11 月 30 日アクセス.

Glueck, Kate（2015. 4. 12.）"The power players behind Hillary Clinton's campaign," *Politico*.

Green, M. and M. Jolin（eds.）,（2009）*Change for America: A Progressive Blueprint for the 44th President*, New York: Basic Books.

Grim, R. and A. Ahmed, "His Town," *Huffington Post*. 〈http://highline.huffingtonpost.com/articles/en/his-town〉, 2015 年 11 月 30 日アクセス.

Hamburger, T. and A. Becker（2014. 10. 30.）"At-fast growing Brookings, donors may have an impact on research agenda," *Washington Post*.

Hellebust, L. and K. Hellbust（2006）*Think Tank Directory: A Guide to Independent Nonprofit Public Policy Organization*, Kansas: Government Research Service.

Ioffe, Julia（2013. 11. 24.）"A 31-Year Old Is Tearing Apart the Heritage Foundation," *New Republic*.

Judis, John（1990. 1. 22.）"The Japanese Megaphone," *New Republic*.

―― （2014. 9. 10.）"Foreign Funding of Think Tanks Is Corrupting Our Democracy," *New Republic*.

Kosterlitz, Julie（2009. 2. 14.）"As Times Change, Key Think Tanks Trade Places," *National Journal*.

Lipton, E., B. Williams and N. Confessore（2014. 9. 6.）"Foreign Powers Buy Influence at Think Tanks," *New York Times*.

Lipton, Eric（2014. 9. 12.）"Lawmaker Assails Foreign Donations to Think Tanks," *New York Times*.

Medvetz, Thomas（2012）*Think Tanks in America*, Chicago: University of Chicago Press.

Michlethwait, J. and A. Woodridge（2004）*The Right Nation: Conservative Power in America*, New York: Penguin Press.

Rogin, Josh（2014. 9. 8.）"Romney Foreign Policy Team Is Schooling 2016's Republicans," *Daily Beast*.

Savage, Charlie（2008. 11. 7.）"John Podesta, Shepherd of a Government in Exile," *New York Times*.

Silverstein, Ken（2013. 2. 19.）"The Great Think-Tank Bubble," *New Republic*.

―― （2013. 5. 22.）"The Secret Donors Behind the Center for American Progress and Other Think Tanks," *New Republic*.

Sinclair, Barbara（2006）*Party Wars: Polarization and the Politics of National Policy Making*, Norman: University of Oklahoma Press.

Smith, James Allen（1991）*Brookings at Seventy-Five*, Washington D.C.; Brookings Institution.

Stolberg, S. and M. McIntre（2013. 10. 5.）"A Federal Budget Crisis Months in the Planning," *New York Times*.

Think Tanks and Civil Societies Program, *Global Go To Think Tanks Index Report*. 〈http://gotothinktank.com〉, 2015 年 11 月 30 日アクセス.

Troy, Tevi（2012）"Devaluing the Think Tank," *National Affairs*（Winter 2012）: 75-90.

邦語文献

阿部斉、久保文明（2002）『国際社会研究Ⅰ—現代アメリカの政治』放送大学教育振興会

久保文明編（2010）『アメリカ政治を支えるもの—政治的インフラストラクチャーについて』日本国際問題研究所

——（2011）「米国政治における政策知識人—そのあり方をめぐって」筒井清忠編『政治的リーダーと文化』千倉書房、pp.201 231

ベイツ、スコット、宮田智之（2015）「米国政治とシンクタンク—スコット・ベイツ国家政策センター（CNP）理事長に聞く」『アステイオン』第83号、pp.256-273

中山俊宏（2013）『アメリカン・イデオロギー—保守主義運動と政治的分断』勁草書房

宮田智之（2010）「政治インフラの形成と財団」久保文明編『アメリカ政治を支えるもの』日本国際問題研究所、pp.19-42

——（2012）「ティーパーティ運動の一つの背景—コーク（Koch）兄弟についての考察」久保文明、東京財団「現代アメリカ」プロジェクト編『ティーパーティ運動の研究—アメリカ保守主義の変容』NTT出版、pp.72-91

第Ⅲ部　政　　策

第 **6** 章

人種政策
—— 初の黒人大統領としての責務？

1. はじめに

　本章では、バラク・オバマ（Barack Obama）政権がどのような人種政策を講じ（あるいは講じず）、それに対して、黒人知識人・指導者や主要公民権団体がどのような評価を与えたかについて考察する。

　選挙中は「黒人らしくない」などとも言われ、当初はヒラリー・クリントン（Hillary Clinton）に黒人の支持層を奪われていたオバマであったが、最終的には黒人票の95％を獲得して大統領の地位を得た。黒人たちはアメリカ史上初の黒人大統領を熱狂的に受け入れ、自分たちの人種的状況が改善されることを期待した。この期待にオバマはどのように応えた（あるいは応えなかった）のか。

　まず第一節では、政権第一期から第二期途中までの全体的な流れを概観する。基本的にオバマは選挙中から「脱人種」路線をとり、人種を特定した政策を掲げることを避けてきた。これに対し、黒人のあいだで不満は高まったものの、しかし支持率が下がることはなく、オバマは黒人の圧倒的な支持を得て再選される。現在の二期目においては、一期目に比べて人種に関する言及が積極的にみられるようになっている。

　第二節では、主に第二期目における具体的な政策を取り上げる。二期目において、オバマはより明確に黒人を対象とするような政策を講ずるようになった。本章では、特に注目すべきものとして、①米国雇用法、②刑事司法制度改革、③「兄弟の番人（My Brother's Keeper）」イニシアチヴ、④住

宅の公正な供給の4つの試みを取り上げ、その内容を紹介したい。

　なお、本章では英語の"African American"を訳出する際には「アフリカ系アメリカ人」とするが、それ以外にアフリカ系の人々を指すときには、基本的に「黒人」という用語を用いる。"African American"には、祖先がアメリカ合衆国での奴隷制を経験した者、というニュアンスが含まれていることから、カリブ海地域やアフリカ出身者などを含めた「人種」を表す用語としては「黒人」の方が包括的で適切であると考えるためである。

2.　オバマの人種問題に対する姿勢

（1）　第一期と「脱人種」路線

　一般的に、オバマの人種問題への関わり方は、次のように理解されている。すなわち、大統領に選出されるまでは人種に関してオープンに語っていたが、大統領に就任すると人種への言及を控えるようになり、第二期目に入ってようやく再選という重圧から解放されると、再び人種に関して発言するようになった、というものである。

　オバマの元スピーチライターであるジョン・ファヴロー（Jon Favreau）は、このような理解を否定する。ファヴローによれば、オバマは、生じてくるさまざまな問題に対して、その都度対処していただけで、例えば二期目において黒人に関する発言が増加した背景には、丸腰の黒人青年が殺害される事件が連続して発生していたためであるという[1]。しかしながら、オバマ側の意図や事情はどうであれ、オバマの人種に関する言動をみてみると、実際のところ、冒頭に述べた流れになっていることは否めない。

　渡辺将人が指摘するように、オバマは選挙キャンペーン中、黒人に限定されない幅広い得票を得るため、「脱人種」路線を打ち出した。その結果、大統領就任後は、その路線自体に制約を受け、黒人に特定した、あるいは特定していると受けとられる政策を出すことが困難な状態に陥った（渡辺2010）。

　フレドリック・ハリス（Fredrick C. Harris）の分析によれば、オバマは

選挙キャンペーン中、ほとんど人種に言及することはなかったものの、2007年、民主党の指名を争っていたヒラリー・クリントンに黒人の支持が集まっていることがわかると、黒人票を得るため人種問題に関して熱のこもった演説を行うようになった。そして、多くの黒人の支持を得て、翌年1月アイオワ州の党員集会で予期せぬ勝利を得ると、再び人種に関する発言は表舞台から姿を消していったという（Harris 2012 : 138-139）。

　ハリスによれば、大統領就任後のオバマが「脱人種」路線をとらなければならなかったことについて、実は多くの黒人が理解・共感しており、その結果、オバマは「大目に見られ」、人種に関して表立って議論しないことへの暗黙の了解がなされたという。黒人指導者は、右派の批判からオバマを守るため、人種に特化したアジェンダを要求せず、プレーヤーでなくチアリーダーに成り下がっているとハリスは批判している（Harris 2012 : 155）。

　ここでハリスが想定しているチアリーダー的黒人指導者としては、アル・シャープトン（Al Sharpton）が挙げられるだろう。シャープトンは、オバマの失脚を望む人々を助ける結果になりかねないという理由で、何においてもオバマを批判しないと決めたという[2]。その後、シャープトンはオバマと黒人コミュニティとの間をとりなすアドバイザー的な役割を担うようになった。

　実際、オバマに対しては過度に厳しい批判がなされてきたといえる。医療制度改革に関する演説中には、共和党議員から「嘘つき」と野次られ、また、オバマの米国出生を疑うバーサーズ（Birthers）の度重なる追及により、出生証明書を公開する羽目にもなった。ティーパーティ運動のなかでも、人種差別的な内容を含む激しい抗議活動が繰り広げられた。

　マイケル・テスラー（Michael Tesler）は、オバマの医療制度改革において、1993年のビル・クリントン（Bill Clinton）政権下における同様の改革と比較して、人種がより大きな影響を与えていたことを明らかにしている（Tesler 2012）。テスラーによれば、人々の人種に対する態度は、オバマの政策やその他すべてのことに対する評価に影響しており、それはソニア・ソトマイヨール（Sonia Sotomayor）の最高裁判事指名からオバマ家の飼い犬

にまで至るという[3]。

　オバマ自身は、度を越した個人攻撃とも思われる批判を、人種とは関係なく行われているものと明言して、人種問題に国民の関心が集中することを避けようとした[4]。ダニエル・ギリオン（Daniel Gillion）の調査によると、大統領就任直後の 2 年間、オバマによる人種への言及は、ケネディ以降の民主党大統領のなかで最も少なかったという[5]。

　オバマが人種に関する発言をしなくなったきっかけとされているのが、いわゆるゲイツ事件である。2009 年 7 月、オバマの友人でもあるハーヴァード大学教授ヘンリー・ルイス・ゲイツ・ジュニア（Henry Lewis Gates, Jr.）が自宅のドアをこじ開けようとしていたところ、近隣住民に通報され、駆けつけた白人警官に逮捕されるという事件が起きた。

　オバマは詳細な状況を把握していないと断りつつ、「警察は馬鹿げた行いをした」と述べ、「この国には、アフリカ系アメリカ人とラティーノが警察によって不均衡に呼び止められてきた長い歴史がある」と、人種プロファイリングに言及した[6]。

　詳しい事実関係を把握していないにもかかわらず「馬鹿げた」という表現を使用したことで、オバマは激しい批判にさらされ、警察から謝罪を要求されることとなった。オバマはゲイツと当該の警官の 2 人をホワイトハウスに招き、いわゆる「ビール・サミット」を行うことで事態の収束を図ったが、この一件でオバマに対する白人有権者の支持率は低下した。報道も過熱し、当時進めていた医療制度改革にも支障をきたしたことから、以後、オバマは人種に関する発言を控えるようになったとされる。

　2012 年 2 月、17 歳の黒人少年トレイヴォン・マーティン（Travon Martin）が自警団員ジョージ・ジマーマン（George Zimmerman）によって射殺される事件が起きた際には、捜査中の事件に関して大統領がコメントするのは不適切との理由から、ホワイトハウスは当初ノーコメントを繰り返した。このとき、オバマ政権内ではゲイツ事件の二の足を踏まないよう警戒する向きがあったという[7]。

　しかし、事件が全米を巻き込む論争に発展し、黒人指導者などからこの事

件に対するオバマの発言がないことへの失望が示され、発言への期待が高まると、事件から約1カ月後にようやく「私に息子がいたら、トレイヴォンに似ていたでしょう」と、息子を失った両親への共感を示しながら個人的な見解を述べた[8]。事件そのものに対する判断や人種問題には言及せず、ゲイツ事件を繰り返さないよう熟慮したうえでの発言であった。

（2）　第一期における黒人らの反応

オバマはしばしば、自分は黒人のための大統領ではなく、アメリカ合衆国の大統領であり、アメリカ人すべての利益にかなった政策を実施すると明言している。

これに対し、オバマ批判を繰り広げる黒人知識人・指導者たちは、オバマの同性婚や移民に対する寛容な政策は、特定の集団の利益にかなうものであると指摘し、黒人の利益が意図的に顧みられていないと批判してきた。彼らによるオバマへの最大の批判は、オバマが黒人を対象とした政策を打ち出さないことにあった。

プリンストン大学のコーネル・ウエスト（Cornel West）は、2008年大統領選ではオバマを精力的に支援していたものの、次第に貧困対策などを中心に痛烈な批判を展開するようになり、オバマを「ウォール街の寡占支配者たちの黒いマスコットであり、企業金権家の黒い操り人形（a black mascot of Wall Street oligarchs and a black puppet of corporate plutocrats）」と呼ぶようにまでなった[9]。

トークショーのホストであるターヴィス・スマイリー（Tavis Smiley）も継続的にオバマ批判を繰り広げている一人であり、特に黒人のアジェンダを要求する運動を繰り広げている。ただし、ウエストやスマイリーらによる批判は、感情的で個人的なものと受け止められる傾向が強く、黒人一般から共感を得られていたとは言い難い。

黒人の多くは、不平を言いながらもオバマを支持している。ギャラップの調査によると、オバマは大統領就任以来、黒人からは概ね80〜90%台の支持率を維持している。白人の支持率が当初の58%から下落し、2年目以降は

ほぼ 30％台を推移しているのと比べると格段の開きがある[10]。

　ラキム・ブルックス（Rakim Brooks）は、「連鎖した運命（linked fate）」という概念でこれを説明する。すなわち、多くの黒人は、自分の運命とほかの黒人の運命が結びついていると感じている、というものである。前述のトレイヴォン・マーティン事件に際して発せられたオバマのコメントは、まさにこのような黒人の意識を呼び起こす発言である。オバマがティーパーティやバーサーズによって攻撃されたとき、多くの黒人たちは、これを自分たちへの攻撃だと感じたのである。そしてこの意識が、オバマに対する批判をしにくい状況を作り出したという（Brooks 2012）。

　しかしながら他方で、黒人たちが同じ人種であるオバマを盲目的に支持してきたわけではないことも明らかにされている。アンジェラ・ルイス（Angela K. Lewis）らの研究によると、アメリカ復興・再投資法と「オバマケア」は、「脱人種的」なレトリックによって進められたが、黒人たちはこれらの法律が自分たちの状況を改善させ、ひいてはアメリカにおける人種不平等をも是正すると信じて強い支持を示したという（Lewis, Dowe, Franklin 2013）。

　2012 年秋には、全米有色人種地位向上協会（National Association for the Advancement of Colored People；以下 NAACP）の機関誌『クライシス（*The Crisis*）』において、第一期オバマ政権の成果を評価する記事が掲載された。目前に迫った大統領選でのオバマ再選を後押しする狙いがあったと考えられる。

　ここでは、アメリカ復興・再投資法、「オバマケア」、コカインにおける量刑是正、人種差別のためにローン契約を拒まれた黒人農民への補償、低所得家庭に対する奨学金ペル・グラント（Pell Grant）の拡張、歴史的黒人大学への資金供与増大、などが成果として挙げられている。NAACP ワシントン支部のヒラリー・シェルトン（Hilary O. Shelton）は、オバマは公民権に関連する分野で大きな成果を上げてきたにもかかわらず、それを表立ってアピールしてこなかったと指摘している。（Cooper 2012：8）。

　黒人指導者たちは、人種政策が不十分であるとしてオバマ批判を繰り広げてきていたものの、一様にオバマの再選を願っていた。オバマもこれを理解

しており、2011 年 9 月には、夏から続いていた激しいオバマ批判がようやく沈静化した黒人議員コーカス（Congressional Black Caucus；以下 CBC）に対し、「皆さんすべてが私と一緒に前進し続けることを期待しています。寝室用のスリッパを脱いで行進用の靴を履いてください……文句を言うのをやめ、小言を言うのをやめ、泣くのをやめ、前進するのです」と強い調子で支持（暗に再選への協力）を仰いだ [11]。

（3）　第二期オバマ政権と人種

　オバマは黒人票の 93％を獲得して再選されたが、黒人知識人・指導者たちのオバマに対する不満が解消されたわけではない。二期目においても、彼らは黒人を対象とした政策の実現や人種問題に対する明確な姿勢を求めてオバマ批判を続けた。

　NAACP や全米都市連盟（National Urban League；以下 NUL）、シャープトンの全国行動ネットワーク（National Action Network）は、選挙後 2 回にわたって「ブラック・アジェンダ」に関する会議を開き、60 人超の公民権運動家や知識人らとともに議論を行った。その成果は黒人指導者たちの手による初めての「ブラック・アジェンダ」として、2014 年の年頭に大統領に提出された [12]。

　また、2013 年 1 月末にシカゴのオバマ宅から 1 マイルの場所で、15 歳の黒人少女が射殺される事件が発生すると、オバマに対し、シカゴに来て銃暴力に関する演説を行うよう請願がなされた。約 2 週間後、演説は実現したが、その内容は 5 万名にも及ぶ請願賛同者の期待を裏切るものであった。オバマは銃犯罪の背景として父親不在の家庭が多いことを挙げ、「子どもを作る能力ではなく、育てる精神力が大人の男であるということ」だと述べたのである [13]。

　オバマは上院議員時代から、「身内」だからこそ許されるような厳しい発言を黒人に向けて発してきた。その多くは上記のような父親の存在と家族の大切さを訴えるものであったことから、多くの黒人たちが失望感をあらわにしてきたが、今回も人種差別などによって引き起こされたさまざまな問題の

責任を黒人側に押し付けるものだとして、黒人たちから批判された [14]。

　人種に対するオバマの姿勢に変化がみられるのは、2013 年夏である。7 月にマーティンを殺害したジマーマンに対して大陪審により不起訴が言い渡されると、その 6 日後、オバマは約 20 分間にわたる緊急会見を行った。プロンプターなしで行われたこの会見において、オバマは「トレイヴォン・マーティンは 35 年前の私自身であったかもしれない」と述べ、自ら経験した人種差別の数々を披露しながら、アメリカ社会における人種差別の存在について語った。それまでオバマが人種問題を回避していると批判を繰り広げていた黒人知識人・指導者たちは、大統領就任前の「真のオバマ」が戻ってきたという論調でこれを熱狂的に受け入れた [15]。

　同年秋には、『ニューヨーカー』誌の単独インタビューで、「黒人大統領というものが嫌だという理由で私のことを嫌っている人がいくらかいるのは確かだ」と認め、より率直に人種について発言するようになった [16]。このインタビューは 10 月に発生した政府閉鎖ののちに行われたものであるが、前述のテスラーは、政府閉鎖においても人種的要因が影響していたことを指摘している（Tesler 2013）。

　2015 年 6 月、サウスカロライナ州チャールストンの黒人教会で、白人至上主義者による銃乱射事件が起こり、9 名の黒人が犠牲になると、その 5 日後、オバマはコメディアンのマーク・マーロン（Marc Maron）のポッドキャスト番組にゲスト出演し、アメリカの「人種差別（の病）はまだ治っていない」と述べた [17]。さらに、奴隷制やジムクロウといった人種差別の遺産は、現代においても生活のほぼすべての局面に見られるとし、人種差別というのは「公共の場で『ニガー』というのが失礼だというような問題だけではない」と続けた [18]。

　大統領が人種差別用語を発したことに対し、NAACP および NUL の会長らは否定的見解を示し、黒人知識人の間でも賛否両論が見られた。しかし、ホワイトハウス報道官によれば、これによって、より多くの人がその番組を聞く結果になったことから、オバマ自身は発言を後悔していないという [19]。

　銃乱射事件の犠牲者のひとりであった州上院議員のクレメンタ・ピンク

ニー（Clementa Pinckney）の葬儀にはオバマも出席し、黒人教会の牧師が行うようなコール＆リスポンスを織り交ぜた情緒的な演説をした。最後にはアカペラで『アメイジング・グレイス』を歌い始め、教会のバンドがあとから伴奏に加わると、参加者一同が立ち上がって合唱するという、黒人教会ならではの、そして黒人大統領のオバマだからこそ実現したであろう光景が繰り広げられた。

オバマはその後、立て続けに住宅供給と司法制度についての改革案を発表した。これらの政策は黒人を対象として特定化するものではなかったが、いずれも黒人社会に直結するものである。二期目においては、より率直に人種について語り始めたとともに、政策においても明確に黒人を対象とする方向性を打ち出すようになったといえる。

3.　オバマの黒人関連政策

（1）米国雇用法

100年に一度ともいわれる不況のなか、雇用対策は黒人コミュニティにとって最優先課題であった。オバマが政権をスタートさせた2009年1月の時点で、全米失業率は7.8％、黒人は12.7％であったが、オバマはアメリカ全体が回復すれば黒人の状況も回復するとの立場をとり、特に黒人を対象とする雇用政策を講じることはなかった。

失業率は好転せず、リーマン・ショックから3年目を迎える2011年8月の時点において、黒人の失業率は16.7％（全米9.1％、白人8.0％）と1984年以来の高さを記録した[20]。

黒人を対象とする政策を打ち出そうとしないオバマに対し、CBCメンバーは激しい批判をするようになった。雇用対策は、オバマと黒人議員の間で最も大きな緊張を生み出したイシューであるといってよい。業を煮やしたCBC議長が「大統領には一つのアジェンダがある。われわれにはまったく別のアジェンダがある」と述べるほどであった[21]。

CBCは2011年8月、全米5都市（デトロイト、クリーヴランド、シカゴ、

ロサンゼルス、マイアミ）で独自のジョブ・フェアを開催した。ジェシ・ジャクソン（Jesse Jackson）も特別ゲストとして参加したこれらのフェアには、前夜からスーツ姿で並ぶ人々も見られるなど、職を求める多くの黒人が列を作った。

　一方、オバマは同時期3日間にわたってミネソタ、アイオワ、イリノイの5つの町をバスで回り、雇用に関する対話集会を行った。これに対し、CBCのマキシン・ウォーターズ（Maxine Waters）は、オバマが訪れているのは白人の町ばかりであり、黒人コミュニティは軽視されていると批判した[22]。

　CBCとの関係がかつてなく悪化するなか、オバマは9月、米国雇用法案（American Jobs Act）を発表した。同法案には、減税、学校や交通インフラへの投資、失業保険プログラムの改革、教員・警官・消防士の雇用の確保などが盛り込まれた。追加的な書類も用意され、黒人、アジア系および太平洋諸島系、ラティーノ、低所得者、退役軍人、女性、若者といった特定のグループに対してこの法案がどのように利益をもたらすのか、それぞれ具体的なケースや数値とともに示された[23]。

　同法案は黒人コミュニティから非常に肯定的に受け入れられた。特に激しいオバマ批判を繰り広げていた上記のウォーターズは、同法案を「非常に喜ばしく」、「多くの人が期待していた以上」の内容だとした。CBCが訴えてきた黒人の特定化に関しては、この法律と同時に出された追加書類「米国雇用法：アフリカ系アメリカ人家庭と経済に対するインパクト」がその答えであるとして高く評価した[24]。

　同法案は黒人を対象としているわけではなく、オバマのそれまでの方針通り、アメリカ人全体に向けられたものである。追加書類も、黒人だけに出されたわけではない。しかし、同法によって黒人がどのように救済されようとしているのかが明確に示されたことで、CBC側も妥協点を見いだしたと考えられる。

　実は激しいオバマ批判をめぐって、CBC内部では分裂が起きていた。いまだ黒人からの高い支持を得ているオバマを批判し続けるのは、CBCにとっても政治的なリスクを伴うとの考えから、オバマ批判を続けるメンバー

に対して、内部からの反発が激しくなっていたのである[25]。

　他方で、オバマは9月末に行われた「大統領がブラック・アメリカに答える（The President Answers Black America）」と題された黒人専門テレビ局BET（Black Entertainment Television）のインタビューにおいて、「なぜ黒人コミュニティを対象としたプログラムを立ち上げないのか」との質問に対し、「いやいやいや、それはアメリカがうまくいく方法ではない。アメリカは、みんなが協力して、一人ひとりが確実に機会を得られるようにすることでうまくいくんだ」と答えている[26]。

　11月には「大統領のアジェンダとアフリカ系アメリカ人コミュニティ」と題された書類がホワイトハウスから公開された。ここでは、米国雇用法に付された追加書類と同様に、これまでの（アメリカ人全体を対象とした）政策が、黒人をどのように救済するのかが数値とともに明確化されている。黒人を対象としたアジェンダを求める黒人指導者や有権者の理解を得るために出されたものと考えられるが、政策において人種を特定しないというオバマの方針そのものは変わっていない[27]。

　なお、米国雇用法案は予算の調達方法などをめぐって議会の賛同を得られず、現在に至っても成立していない。

（2）　刑事司法制度改革

　受刑者に占める黒人の比率の高さから、司法制度改革は黒人社会に直接的な影響を与えうるものである。特に1970年代に開始された「麻薬との戦い（War against Drug）」においては、薬物犯罪に対する最低服役期間（mandatory minimum sentences）の導入に代表されるように、1980年代以降、厳しい措置が講じられてきた。これにより受刑者数は急増し、2015年のデータによると、連邦刑務所収容人数は1980年の2万5,000人からおよそ8倍の20万人弱に増加した。このうち、薬物犯罪者が48％を占め、黒人は38％を占めている[28]。

　司法制度のなかでも、クラック・コカインと粉末コカインの量刑において100対1もの格差が見られることに関しては、人種的不均衡であるとの指摘

が長年されてきた。一般的に、黒人社会ではクラック・コカインが、白人社会では粉末コカインが流通しているため、上記のような量刑の格差により、結果的に黒人の刑罰が重くなっているのである。ちなみにこれらのコカインは、効果や有毒性において大差ない。

オバマは、2010 年公正量刑法（Fair Sentencing Act of 2010）で、クラック・コカイン所持に対する 5 年間の最低服役期間を撤廃するとともに、粉末コカインとの量刑の差を 18 対 1 まで縮小させた。これは、CBC が 10 年来にわたって取り組んできたことでもあり、黒人指導者からオバマ政権の成果として支持されているが、CBC はさらに長期服役している受刑者への同法の遡及を求めている[29]。

2013 年、司法省は刑事司法制度の全面的な見直しを行い、夏に司法長官エリック・ホルダー（Eric Holder）が、低レベルで暴力を伴わない薬物犯罪者への最低服役期間の撤廃、元受刑者の社会復帰への支援などを盛り込んだ「スマート・オン・クライム（Smart on Crime）」イニシアチヴを発表した[30]。黒人初の司法長官でもあるホルダーは、黒人男性は同様の犯罪を犯した白人よりも 20% 長い刑期を科されるという例を挙げ、人種間の不均衡を「ただ単に受け入れられないというだけでなく、恥ずべきもの」とした[31]。

2014 年 8 月、ミズーリ州ファーガソンでマイケル・ブラウン（Michael Brown）射殺事件が発生すると、全米で大規模なデモや暴動が起き、それを取り締まる警察の軍事化が問題視されるようになった。警察と住民の間で広がる不信感を背景に、オバマは 12 月、犯罪を減少させつつコミュニティにおける両者の信頼関係を強化する方法を探るべく、大統領令によって 21 世紀警備タスクフォース（21st Century Policing Task Force）を発足させた。翌年 5 月に提出された最終レポートでは、警察官のボディカメラ装着などを含む 59 の勧告がなされ、翌年には、これらの勧告内容を現場で導入しやすくするため、実例が紹介されたガイドブックが出された[32]。

2015 年 7 月、オバマは、NAACP の第 106 回年次大会で、司法制度改革に関する演説を行い、コミュニティ、法廷、独房棟の 3 つのレベルでの改革

を訴えた。ここでオバマは、黒人やラティーノの若者が人生の中で手にできる機会が白人の若者に比べてはるかに劣っていることの原因には、歴史的な差別の問題のほか、現在も巧妙な形で継続している人種的偏見があることを指摘した。

　「要するに、あまりにも多くの場合において、黒人の少年と男性、ラティーノの少年と男性が、法の下で異なる扱いを受けた経験を持っているのです……小話でも床屋での噂話でもなんでもなく、ますます多くの調査によって、以下のことが明らかになっています。有色人種の人々は、職務質問や身体検査、尋問、告発、拘留などをされやすいのです [33]」。

　NAACP は長年にわたって、一貫した司法制度改革を主張してきており、一連のオバマによる改革を歓迎している [34]。翌日にはクリントン元大統領が登壇し、在任中に「連邦三振法」などを含む包括的な犯罪法を成立させ、結果として刑務所収監人口を増大させたことは誤りであったとして、オバマの司法制度改革への支持を表明した [35]。

　司法制度改革には、ヒラリー・クリントン前国務長官やランド・ポール（Rand Paul）共和党上院議員といった 2016 年大統領選挙へ立候補を表明した議員や、保守派の大富豪コーク兄弟など、党派や業界の垣根を越えた支持が集まっている。

　2015 年 3 月にはワシントン DC で「司法制度改革のための超党派サミット」が開催され、さまざまな政治信条をもつ政治家、活動家、有識者など 600 名以上が集合した [36]。司法制度改革が超党派の支持を得られている背景には、刑務所制度の維持費が年間 800 万億ドルにまで膨らみ、受刑者 1 人につき年間 3 万ドルの費用がかかると見積もられていることがある。

　オバマは NAACP での演説に合わせて、暴力事件に関わっていない受刑者 46 名を減刑し、さらに現職大統領としては初めて連邦刑務所を訪問するなど、積極的な姿勢を見せているが、例えば遡及に値する人々に対して、まとめて恩赦を与えるべきなど、まだ取り組みが不十分であるとの見方もある。

　黒人指導者や公民権団体からは、特にコカインの量刑を是正したことが評

価されているが、それでもまだ 18 対 1 の格差が残っている。コカイン量刑における格差のさらなる縮小と同法の遡及を認めることを盛り込んだ「より賢い量刑法（Smarter Sentencing Act）」は毎年のように提議されているものの、未だ成立していない。

（3）「兄弟の番人」イニシアチヴ

　2014 年 2 月末、オバマは「兄弟の番人（My Brother's Keeper）」イニシアチヴを発表した[37]。

　同イニシアチヴは、トレイヴォン・マーティン事件をきっかけに誕生したもので、とりわけ苦境に立つことの多い有色人種の男性および青年たちに焦点を当てたものである。人種や出自による環境要因にかかわらず、彼らが持っている可能性を十分に発揮できるよう、官民連携のクロスセクターで取り組もうというのがその狙いである[38]。費用は、連邦予算ではなく財団や企業からの寄付で賄われるが、その背景には、共和党多数派議会において法案の通過が非常に困難な現状がある[39]。

　イニシアチヴを発表するオバマの背後には、前年にオバマが参加したシカゴの青少年育成プログラムの参加者（ほぼ全員が黒人青年）が並んでいた。

　同プログラムで青年たちの輪の中に交ざって語ったという自らの経験、すなわち父親のない家庭で育ったこと、薬物に手を出したこと、勉学に真剣に取り組まない時期があったことなどを紹介しながら、オバマは「私はこの青年たちのなかに私自身を見ることができます。唯一の違いは、私がもう少し寛容な環境で育ったために、過ちを犯したとき、それによってもたらされる結果がそれほど厳しいものではなかったということです」と述べ、このイニシアチヴがオバマにとって個人的にも重要であるとの印象を与えた[40]。

　このイニシアチヴは、まず政府内に大統領補佐官兼キャビネット・セクレタリーのブロデリック・ジョンソン（Broderick Johnson）を座長とするタスクフォースを設置し、各省庁や大統領府の閣僚や高官をメンバーに据えて、現状の分析を行うことから始まった。タスクフォースは、①小学校入学前の十分な準備、②小学生の読解力の向上、③高校からのドロップアウトの

防止、④大学卒業者の増加、⑤就職支援、⑥暴力の追放とやり直し機会の提供、の6つを目標として定めた。

9月には「兄弟の番人」コミュニティ・チャレンジがスタートした。これは、市、町、郡、(ネイティヴ・アメリカンの) トライバル・ネイションといったコミュニティが、地元の教育機関、ビジネス界、宗教団体といったさまざまなアクターとともに、上記6つの目標のための方策を検討し実行していくプログラムである。2015年2月の時点で、200を超えるコミュニティのリーダーが参加を表明している[41]。

1年後には、タスクフォースの提言によって、企業が資金提供をする非営利組織「兄弟の番人」同盟が設立された。すでに「兄弟の番人」イニシアチヴへは、AT&T (メンター制度と教育支援に1,800万ドルの拠出を表明) やシティ基金 (就業機会の創出のために1,000万ドルを拠出) などのさまざまな企業や団体が参加していたが、この同盟によってさらに多くの企業の参加が求められた。

企業の参加を促す背景には、アメリカの労働人口の変化がある。2018年までに高等教育を受けた労働者が新たに2,200万人必要とされているのに対し、実際には1,900万人しか該当者がいないと予測されている。一方で、2020年までに18歳以下のアメリカ人の過半数が有色人種になる見込みであることから、有色人種の機会の向上は、企業側にとっても死活問題といえるのである[42]。

「兄弟の番人」イニシアチヴについては、連邦予算による大規模なプロジェクトでないことから、単に象徴的なものにすぎないとする批判もあるが、黒人指導者や主要公民権団体はこれを肯定的に受け入れている。「兄弟の番人」と同様の「5,000のロールモデル・プロジェクト」を20年以上前から手がけてきたCBCも、これを歓迎した[43]。

また、NAACPは、企業を巻き込んでいる点を、オバマ政権後もこのイニシアチヴが継続することを可能にするものと評価した[44]。元国務長官のコリン・パウエル (Colin Powell) や元NBAプレーヤーのマジック・ジョンソン (Magic Johnson)、歌手のジョン・レジェンド (John Legend) なども

参加するなど、顔ぶれも華やかなプロジェクトとなっている。

　他方で、このイニシアチヴが男子のみを対象としていることに対し、黒人の女子も同様あるいはそれ以上の不当な扱いを受けているとして、研究者や活動家の中から見直しを求める声も上がっている[45]。2014 年 5 月には黒人男性の有志が、6 月には有色人種の女性たちが、それぞれオバマへの公開状を発表し、前者は 3 日間で 210 名、後者は一日で 1,000 名を超える署名を集めた[46]。

　オバマは、2014 年に「兄弟の番人」イニシアチヴを発表した際、機会の平等こそがアメリカを象徴するものであり、自身が大統領戦に出馬した主な理由であるとして、「今年度、そして残りの任期中に私が行うであろうすべてのことの背景にあるのがこの考えである」と明言した[47]。

　さらに翌年、「兄弟の番人」同盟発足を発表した際には、「残りの任期だけでなく、残りの人生において、私とミシェルのミッションとなるだろう」と述べ、ライフワークとしてこれに取り組む姿勢をみせている[48]。

（4）住宅の公正な供給

　機会の平等を目指す方針は、居住における不平等をなくそうとする取り組みにも現れている。

　一般的にアメリカの多くの地域では、インナーシティと呼ばれる都市部に低所得層の黒人が住み、郊外に中流以上の白人が住む、というパターンが見られる。インナーシティは教育環境も十分でなく、貧困と暴力が日常化していて、青少年の健全な発育を阻む環境であることが多い。あからさまな差別がなくても、結果的に差別的な状況が生み出されることを制度的差別（institutional racism）というが、人種別に居住地域が分離されている実態は、まさにその代表例である。

　居住における不平等の是正に関しては、1968 年公民権法の一環として制定された住宅公正法（Fair Housing Act）がある。これによって、憲法の許容する範囲内で全米に公正な住宅を供給することが定められ、それまで認められていた住宅供給におけるあからさまな差別が禁じられた。この執行の

ために組織されたのが住宅都市開発省（Department of Housing and Urban Development；以下 HUD）であるが、実際には、その後も人種差別的な契約やレッドライニング（red lining）といった人種差別的慣行が続けられてきているのが現実である。

　実は住宅公正法は、単に人種差別を禁止しているだけでなく、「統合され包含的なコミュニティの促進のために積極的な処置をとっている」という状態をも求めている。公正住宅積極的促進（Affirmatively Furthering Fair Housing；以下 AFFH）と呼ばれる規定で、公正な住宅を実現する目的のために、住宅や都市開発に関連するすべての行政執行部門が有意義な処置を施すことが定められているのである。

　しかしながら、HUD はこれまで積極的に州や自治体の取り組みを監督する役割を担ってこなかった。オバマは既存の方策では不十分であるとして、2011 年、HUD に AFFH のための新たな規制を設けるよう大統領令を発動した。これを受けて HUD 長官ジュリアン・カストロ（Julian Castro）は2015 年 7 月、最終的な規制を発表した。

　新しい規制の下では、市や町はその地域における居住パターンを、人種的分布、貧困率、学校の質といった要因を基に分析して、3 年から 5 年ごとにHUD に報告しなければならない。このように集められた全米のデータは、誰でも利用することができる。地方自治体はさらに、居住における人種隔離を緩和するための方策を取ることが義務付けられている。これらを怠った場合、HUD からの補助金が得られない。

　AFFH のための新規制に対し、保守派は激しい反発をみせているが、公民権団体や黒人団体は、公民権運動の勝利だとして歓迎している [49]。人種問題の根幹ともいえる住居問題に切り込んだことは、黒人にとっては大きな進歩であった。今後、保守派がどのように動くのか予断を許さないが、HUD 長官のカストロが 2016 年大統領選に民主党から出馬しているヒラリー・クリントンの副大統領候補として有力視されていることから、これが2016 年大統領選の争点にもなるとの見方もある。

4. おわりに

　以上、オバマの「人種政策」について概観してきたが、まず特筆すべきなのは、オバマに対する黒人の支持率の高さである。

　「初の黒人大統領」という歴史的重要性はもちろんのこと、ハーレムのアポロシアターでアル・グリーンの歌を口ずさんだり、演説の中で自らの境遇を披露したりするなど、ときおり「素」を見せることで、オバマは黒人の心をうまくつかみ、支持を得てきたといえる。黒人の前ではあえて黒人英語を話すあざとさを指摘する声もあるが、なによりオバマは「黒人」としてのアイデンティティをもっている。黒人指導者や主要公民権団体も、政策においては激しい批判を加えるものの、最終的にはオバマを支持し協力する姿勢を示してきた。

　オバマは、当初は一貫した「脱人種」路線を進めていたが、二期目になると、次第に黒人を対象とする政策を積極的に打ち出すようになった。

　オバマの主要な「人種政策」をみてみると、どれもが黒人の子どもの健全な成長に結実していくものであることがわかる。オバマがしばしば言及する「学校から刑務所へ」のルートを断ち、機会の平等を実現することによって、黒人の子どもたちがアメリカ社会の主体的構成員となっていくための政策であるといえる。住居の公正化はまさにそのためのものであるし、司法改革はそれまであまりに近かった刑務所への道を遠ざけるとともに、長期収監されている父親を家庭に帰らせる、という狙いがある。また、「兄弟の番人」プログラムは、青少年に対して教育や就職に関するきめ細やかなサポートを提供している。

　最初の2年間を除いて共和党が多数派を占める議会を前に、政権運営が困難を極めるなか、オバマは基本的には「脱人種」路線を取りながらも、黒人に関する重要な問題に関しては行政命令あるいは民間との連携によって政策を進めてきた。総じて、現実的にうまく対処してきたと評価できるのではないだろうか。

とはいえ、黒人指導者たちの側からすれば、まだ課題が残されている。その代表格とされているのが、本章では取り上げることのできなかった投票権法に関する問題であろう。

2013 年、投票における人種差別是正を目的とした投票権法の一部条項が、最高裁によって違憲とされた。オバマは議会に対して同条項の「回復」を訴えているが、共和党が多数を占める議会においては何の動きも見せていない。

投票権法は民主党にとって最重要課題の一つとされており、2016 年大統領選でも争点になっていることから、次期政権にとっても大きな課題となる可能性が高い。これから政権終了までの約 1 年の間、オバマがどのように投票権法を含めた「人種政策」に取り組み、次期政権に引き継いでいくのか注視したい。

注

1) Jennifer Senior, "The Paradox of the First Black President," *New York Magazine*. 〈http://nymag.com/daily/intelligencer/2015/10/paradox-of-the-first-black-president.html〉, 2015 年 11 月 29 日アクセス.

2) Glenn Greenwald, "Al Sharpton, MSNBC and Journalistic Standards," *Salon*. 〈http://www.salon.com/2011/07/27/sharpton_10/〉, 2015 年 12 月 2 日アクセス.

3) Sasha Issenberg, "It All Comes Down to Race," *Slate*. 〈http://www.slate.com/articles/news_and_politics/victory_lab/2012/06/racicalization_michael_tesler_s_theory_that_all_political_positions_come_down_to_racial_bias_.single.html〉, 2015 年 12 月 9 日アクセス；Ezra Klein, "Race and the 2012 Election," *The Washington Post*. 〈http://www.slate.com/articles/news_and_politics/victory_lab/2012/06/racicalization_michael_tesler_s_theory_that_all_political_positions_come_down_to_racial_bias_.single.html〉, 2015 年 12 月 9 日アクセス.

4) "Carter Again Cites Racism as Factor in Obama's Treatment," *CNN*. 〈http://edition.cnn.com/2009/POLITICS/09/15/carter.obama/index.html#cnnSTCVideo〉; Jeff Zeleny, "Obama Rejects Race as Lead Cause of Criticism," *The New York Times*. 〈http://www.nytimes.com/2009/09/19/health/policy/19obama.html?_r=0〉, 2015 年 12 月 1 日アクセス.

5) Ezra Klein, "Race and the 2012 Election," *The Washington Post*.

〈https://www.washingtonpost.com/blogs/ezra-klein/wp/2012/08/27/race-and-the-2012-election/〉，2015 年 11 月 23 日アクセス．

6)　News Conference by the President, July 22, 2009,
〈https://www.whitehouse.gov/the-press-office/news-conference-president-july-22-2009〉，
2016 年 1 月 5 日アクセス．

7)　Joseph Williams, "Black Leaders Press W. H. on Martin," *Politico*.
〈http://www.politico.com/story/2012/03/black-leaders-press-wh-on-fla-shooting-074385〉，
2015 年 11 月 22 日アクセス．

8)　Remarks by the President on the Nomination of Dr. Jim Kim for World Bank President,
March 3, 2012. 〈https://www.whitehouse.gov/the-press-office/2012/03/23/remarks-president-nomination-dr-jim-kim-world-bank-president〉, 2016 年 2 月 13 日アクセス．

9)　Chris Hedge, "The Obama Deception: Why Cornel West Went Ballistic," *Truthdig*.
〈http://www.truthdig.com/report/item/the_obama_deception_why_cornel_west_went_ballistic_20110516〉，2015 年 8 月 2 日アクセス．

10)　Obama Weekly Job Approval by Demographics.
〈http://www.gallup.com/poll/121199/Obama-Weekly-Job-Approval-Demographic-Groups.aspx〉，2015 年 9 月 13 日アクセス．

11)　Remarks by the President at the Congressional Black Caucus Foundation Annual
Phoenix Awards Dinner, September 24, 2011.
〈https://www.whitehouse.gov/the-press-office/2011/09/24/remarks-president-congressional-black-caucus-foundation-annual-phoenix-a 〉，2015 年 9 月 2 日アクセス．

12)　ここでは緊急に必要な政策として、①黒人のための経済的均衡の達成、②教育機会の平等の促進、③投票権の保護、④保険における不均衡の是正、⑤包括的な司法制度改革の達成、が挙げられている。タイトルに「黒人」という名称が付けられておらず、一見して「ブラック・アジェンダ」だとわからないのは興味深い。African American Leaders Convening National Policy Priorities, "Towards a New Civil Rights Movement and Economic Empowerment and Justice: 21st Century Agenda for Jobs and Freedom," released August 23, 2013.
〈http://www.crewof42.com/wp-content/uploads/2013/08/AGENDA.pdf〉，2015 年 9 月 15 日アクセス．

13)　Text of President Obama's Chicago Speech, February 15, 2013.
〈http://www.nbcchicago.com/blogs/ward-room/president-obama-speech-chicago-191471731.html〉，2015 年 11 月 4 日アクセス．

14)　Brittney Cooper, "Mr. President, Stop Throwing Black People Under the Bus," *Ebony*.
〈http://www.ebony.com/news-views/mr-president-stop-throwing-black-people-under-

the-bus-305〉，2015 年 11 月 2 日アクセス．

15)　George E. Curry, "Finally, the Barack Obama I Voted for," *AFRO*.
〈http://afro.com/finally-the-barack-obama-i-voted-for/〉，2015 年 8 月 24 日アクセス．

16)　David Remnick, "Going the Distance," *The New Yorker*.
〈http://www.newyorker.com/magazine/2014/01/27/going-the-distance-david-remnick〉，2015 年 8 月 20 日アクセス．

17)　「人種差別の病『まだ治らず』オバマ氏、禁止用語も使い指摘」
〈http://www.cnn.co.jp/usa/35066335.html〉，2015 年 1 月 5 日アクセス．

18)　Episode 613–President Barack Obama, WTF with Marc Maron Podcast, June 22,
2015.
〈http://www.wtfpod.com/podcast/episodes/episode_613_-_president_barack_obama〉，
2015 年 11 月 11 日アクセス．

19)　Michael D. Shear, "Making a Point, Obama Invokes a Painful Slur," *The New York
Times*. 〈http://www.nytimes.com/2015/06/23/us/obama-racism-marc-maron-podcast.
html?_r=0〉，2015 年 11 月 11 日アクセス；Tamara Keith, "Obama Speaks Candidly on
Gun Control, Race in Podcast Appearance," *NPR*.
〈http://www.npr.org/2015/06/22/416538022/obama-speaks-candidly-on-gun-control-
race-in-podcast-appearance〉，2015 年 11 月 11 日アクセス．

20)　Annalyn Censky, "August Jobs Report: Hiring Grinds to a Halt," *CNN*.
〈http://money.cnn.com/2011/09/02/news/economy/jobs_report_unemployment/
index.htm?iid=EL〉，2015 年 11 月 2 日アクセス．

21)　CBC Concentrates On Linking Job Seekers, Employers, August 16, 2011, *NPR
News*. 〈http://www.npr.org/2011/08/16/139667515/cbc-concentrates-on-linking-job-
seekers-employers〉，2015 年 11 月 1 日アクセス．

22)　Leslie Miller, "Maxine Waters Says Barack Obama Is Neglecting Black Communities,"
ABC7 Eyewitness News. 〈http://abc7.com/archive/8315199/〉，2015 年 8 月 30 日アクセス．

23)　〈http://www.americanjobsact.com/see-how-it-helps-you.html〉，2015 年 11 月 4 日ア
クセス．

24)　Cynthia Gordy, "Maxine Waters: Ready to Fight for Jobs Bill," *The Root*.
〈http://www.theroot.com/blogs/blogging_the_beltway/2011/09/black_unemployment_
maxine_waters_supports_new_efforts_by_obama.html〉；"The American Jobs Act: The
Impact for African-American Families and the Economy," 〈https://www.whitehouse.
gov/sites/default/files/image/af-am_sheet_9-8_final_version.pdf〉，2015 年 11 月 1 日アク
セス．

25)　Alex Isenstadt, "CBC Draws Fire for Obama Criticism," *Politico*.

〈http://www.politico.com/story/2011/11/cbc-draws-fire-for-obama-criticism-067386〉, 2015 年 11 月 2 日アクセス.

26)　"News Highlights: The President Answers Black America," *BET*. 〈http://www.bet.com/video/newsbriefs/obama/obama092611-full-s1.html〉, 2015 年 11 月 2 日アクセス.

27)　"The President's Agenda and the African American Community," November 2011. 〈https://www.whitehouse.gov/sites/default/files/af_am_report_final.pdf〉, 2015 年 8 月 21 日アクセス.

28)　〈http://www.bop.gov/about/statistics/statistics_inmate_offenses.jsp〉, 2015 年 12 月 2 日アクセス.

29)　Re: Congressional Black Caucus (CBC) Support the Retroactive Application of Parts A and C of the Permanent Amendment to the federal sentencing guidelines implementing the Fair Sentencing Act of 2010, May 26, 2011. 〈http://www.ussc.gov/sites/default/files/pdf/amendment-process/public-comment/20110602/CBC_Comment.pdf〉, 2016 年 1 月 5 日アクセス.

30)　The Attorney General's Smart on Crime Initiative. 〈http://www.justice.gov/ag/attorney-generals-smart-crime-initiative〉, 2015 年 10 月 23 日アクセス.

31)　"Eric Holder Unveils New Reforms Aimed at Curbing US Prison Population," *The Guardian*. 〈http://www.theguardian.com/world/2013/aug/12/eric-holder-smart-crime-reform-us-prisons〉, 2015 年 10 月 23 日アクセス.

32)　"Final Report of the President's Task Force on 21st Century Policing," May 2015. 〈http://www.cops.usdoj.gov/pdf/taskforce/taskforce_finalreport.pdf〉; "The President's Task Force on 21st Century Policing: Implementation Guide," October 2015. 〈http://cops.usdoj.gov/pdf/taskforce/Implementation_Guide.pdf〉, 2015 年 9 月 3 日アクセス.

33)　Remarks by the President at the NAACP Conference, July 14, 2015. 〈https://www.whitehouse.gov/the-press-office/2015/07/14/remarks-president-naacp-conference〉, 2015 年 9 月 4 日アクセス.

34)　NAACP Criminal Justice Program Issues. 〈http://www.naacp.org/pages/criminal-justice-issues〉, 2015 年 9 月 15 日アクセス.

35)　President Bill Clinton Speech at NAACP 106th Convention. 〈http://www.naacp.org/news/entry/president-bill-clinton-speech-at-naacp-106thconvention〉, 2015 年 9 月 14 日アクセス.

36) Bipartisan Summit on Criminal Justice Reform. 〈http://www.bipartisansummit. org〉, 2015 年 9 月 15 日アクセス.

37) 「兄弟の番人」とは、旧約聖書に出てくる表現で、同胞の面倒を見るというような意 味である。オバマはこのフレーズを、個人と個人のつながりがアメリカという「家族」 全体を機能させている、という文脈でしばしば利用している。

38) "President Barack Obama On How Travon Martin Inspired 'Mt Brother's Keeper' Initiative [Exclusive Interview]," The Rickey Smiley Morning Show, March 3, 2014. 〈http://rickeysmileymorningshow.com/1508598/obama-my-brothers-keeper-inspired-by- travyon-martin/〉, 2015 年 11 月 28 日アクセス.

39) Mara Liasson, " 'My Brother's Keeper' To Expand Opportunities For Young Men Of Color," *NPR*. 〈http://www.npr.org/2015/05/05/404352504/obama-expands-my-brother-s-keeper-to- increase-opportunities-for-young-men-of-col〉, 2015 年 9 月 2 日アクセス.

40) Remarks by the President on "My Brother's Keeper" Initiative, February 27, 2014. 〈https://www.whitehouse.gov/the-press-office/2014/02/27/remarks-president-my- brothers-keeper-initiative〉, 2015 年 9 月 1 日アクセス.

41) 〈https://www.whitehouse.gov/my-brothers-keeper〉, 2015 年 9 月 1 日アクセス.

42) My Brother's Keeper Alliance Overview. 〈http://www.mbkalliance.org/wp-content/uploads/2015/07/MBK-Alliance_Overview_ Final-2.pdf〉, 2015 年 11 月 30 日アクセス.

43) "CBC Chair Marcia Fudge's Statement on the 'My Brother's Keeper' Initiative," CBC Press Release, February 28, 2014. 〈http://cbc-butterfield.house.gov/media-center/press-releases/cbc-chair-marcia- fudges-statement-on-the-my-brothers-keeper-initiative〉, 2015 年 9 月 2 日アクセス.

44) NAACP Statement on My Brother's Keeper Alliance, NAACP Press Release, May 5, 2015. 〈http://www.naacp.org/press/entry/naacp-statement-on-my-brothers-keeper- alliance〉, 2015 年 9 月 2 日アクセス.

45) Emma Green, "My Brother's Keeper, but Maybe Not My Sister's," *The Atlantic*. 〈http://www.theatlantic.com/politics/archive/2015/07/my-brothers-keeper-but- maybe-not-my-sisters/397538/〉, 2015 年 9 月 23 日アクセス.

46) "Letter of 200 Concerned Black Men calling for the Inclusion of Women and Girls in 'My Brother's Keeper,' " May 28, 2014. 〈http://www.aapf.org/recent/2014/05/ an-open-letter-to-president-obama〉; "Why We Can't Wait: Women of Color Urge Inclusion in 'My Brother's Keeper," June 17. 2014.

〈http://www.aapf.org/recent/2014/06/woc-letter-mbk〉，2015 年 9 月 23 日アクセス．

47）　Remarks by the President on "My Brother's Keeper" Initiative, February 27, 2014.〈https://www.whitehouse.gov/the-press-office/2014/02/27/remarks-president-my-brothers-keeper-initiative〉，2015 年 9 月 1 日アクセス．

48）　Remarks by the President at Launch of the My Brother's Keeper Alliance, May 4, 2015.〈https://www.whitehouse.gov/the-press-office/2015/05/04/remarks-president-launch-my-brothers-keeper-alliance〉，2015 年 9 月 2 日アクセス．

49）　What They're Saying: Leaders Nationwide Praise HUD's Affirmatively Furthering Fair Housing Action, HUD Press Release No. 15-085, July 9, 2015.
〈http://portal.hud.gov/hudportal/HUD?src=/press/press_releases_media_advisories/2015/HUDNo_15-085〉，2015 年 8 月 7 日アクセス．

参考文献一覧
外国語文献

Brooks, Rakim（2012）"A Linked Fate: Barack Obama and Black America," *Dissent*, 59 (3), pp.42-45.

Cooper, Kenneth J.（2012）"The President's Report Card," *The Crisis*, 119 (4), pp.6-9.

Harris, Fredrick C.（2012）*The Price of the Ticket: Barack Obama and the Rise and Decline of Black Politics*. New York: Oxford University Press.

Lewis, Angela K., P. K. F. Dowe, and S. M. Franklin（2013）"African Americans and Obama's Domestic Policy Agenda: A Closer Look at Deracialization, the Federal Stimulus Bill, and the Affordable Care Act," *Polity*, 45 (1), pp.127-152.

Tesler, Michael（2012）"The Spillover of Racialization into Health Care: How President Obama Polarized Public Opinion by Racial Attitudes and Race," *American Journal of Political Science*, 56 (3), pp.690-704.

——（2013. 10. 22.）"Did Race Play a Role in Shutdown?," *The Washington Post*.
〈http://www.washingtonpost.com/blogs/monkey-cage/wp/2013/10/22/republicans-from-racially-conservative-districts-were-more-likely-to-vote-against-the-shutdown-deal/〉，2015 年 11 月 19 日アクセス．

邦語文献

生井英孝（2013）「人種政治とバラク・オバマ —『脱人種』から『差別の品格』まで」『国際問題』589 号、pp.37-46

安岡正晴（2013）「オバマ政権下の人種擁護政策：その展開と問題点」『近代』109 号、

pp.1-34

渡辺将人（2010）「人種関連政策：『脱人種』路線をめぐって」吉野孝・前嶋和弘編著『オバマ政権はアメリカをどのように変えたのか：支持連合・政策成果・中間選挙』東信堂、pp.143-173

―（2014）「バラク・オバマと人種をめぐる選挙戦略の変容：『脱人種』とマイノリティ政治の併存」『アメリカ研究』48 号、pp.77-98

第 **7** 章

医療政策
―― 政策の経路依存性から見たオバマケア

1. はじめに

アメリカでは 20 世紀初頭から皆医療保険の導入に向けての運動が始まっていた。それは革新主義の時代から始まり、その後ニューディール、フェアディール、ニューフロンティア、偉大な社会などのスローガンを掲げて当時の政権は社会保障制度改革を進め、その中で市民の医療アクセスを拡大するために連邦政府がより積極的な役割を果たすことを主張した。

　主要な漸進的改革としては、1965 年に高齢者向けにメディケア、そして貧困者向けにメディケイドが設立されたことが挙げられるが、全市民に保険加入を義務化するための制度が導入されることはなかった[1]。ところがバラク・オバマ（Barack Obama）政権下で 2010 年 3 月に成立した患者保護および医療費負担適正化法（Patient Protection and Affordable Care Act；通称オバマケア）[2] は、この「失敗の歴史」の流れを大きく変え得るものであった。オバマケアは保険加入を強制化するための制度を備えており、皆保険に大きく近づくための改革であった[3]。

　オバマケアは成立してから 6 年以上が経過する中で、司法や政治の分野における数々の困難を乗り越えてきた。2012 年 6 月には個人への保険加入の義務付けに対して合憲判決が出された。2014 年 11 月の大統領選挙でもオバマケアは大きな争点となったが、結果はオバマ大統領の再選となった。このような流れの中で共和党のジョン・ベイナー（John Boehner）下院議長はオバマケアを「確立された法（law of the land）」だと認めることとなり、オバマ

ケアをめぐる政治的争いは収束に向かうとも考えられた（Parkinson 2012）。

　しかし現実を見ると、共和党側の「オバマケアを破棄せよ（Repeal Obamacare)」というスローガンは未だに政治的に有効であるように見える。その背景として、オバマケアに対する世論が割れていることが重要である。カイザー・ファミリー財団の調査では、2016 年 3 月の時点でオバマケアに対して好意的だと答えた人が41％、非好意的だと答えた人が47％となっている[4]。このような状況で、2017 年に就任する新大統領は、オバマケアを今後どのようにするのかという問題と必ず対峙しなければならない。

　本章は、オバマケアをめぐるこのような複雑な政治的状況を歴史的制度論の経路依存性という分析枠組みを使いながら理解しようという試みである。歴史的制度論というのは、政治が政策を作るという側面に注目してきた1980 年ごろまでの理論に対して、制度や政策が政治のあり方に及ぼす影響にも注目すべきだとして登場した新制度論の中の一つの流れである。経路依存性というのは過去のある時点、いわゆる「決定的転機」で起こった政策変化が、新たな政治過程を生み出し、それが政策を定着させ継続させるための原動力となるという一連の動きを説明しようとするものである（Mohoney 2000 ; Pierson 2000 ; 小野 2001)。

　新たな政策が生まれると、時間が経つにつれてそれを覆すための政治的コストが増大していくというのが経路依存性の考えである。その政治的コストを引き上げる要因として挙げられるのが、新しい政策がもたらす「学習効果」と「政治的輪郭形成効果」である。

　前者は「適応効果」ともいわれ、政治アクターは新しい政策ができると、その枠組みを所与のものとみなしその中で利益を拡大していくために戦略を考えたり物事の優先順位をつけたりする、というものである。また後者は、新しいプログラムが作られると新しい受益者を生み出し、その受益者たちが政治連合を形成することでプログラムの定着、継続、拡大が進むというものである（Thelen 1999)。

　以下では、このような分析枠組みを使って、アメリカ医療政治史の中にオバマケアの成立を位置づけながら、オバマケア成立後の政治過程を論じてい

く。第二節では主にオバマケア以前における医療保険制度の発展を、特に第二次世界大戦という決定的転機の影響に注目しながら描く。第三節では、オバマケアの成立過程とその後の執行過程を振り返ることによって、オバマケアが既存の医療保険制度に与えた変化、そして今後の医療改革をめぐる政治的争いに与える影響について論じる。

　オバマケアが成立してからまだ十分な時間が経っていないため、本格的な「歴史研究」を行うことは難しい。本章ではその限界も認識しつつ、法案成立過程やその後の経過を振り返る中で得られた知見を基に論を展開したい。

2.　決定的転機としての第二次世界大戦

　皆保険を導入しようとする動きは主要ヨーロッパ諸国からの刺激を受ける形で 20 世紀初頭にはすでに現れており、多くの州では労働災害法が成立した。しかし、労災に関係しない医療保険の分野ではなかなか立法が進まなかった。大恐慌を受けて誕生したフランクリン・ローズヴェルト（Franklin Roosevelt）政権は、連邦政府の経済や社会に対する役割を飛躍的に拡大した。その中で 1935 年には失業保険や要扶養児童家庭扶助等のプログラムを含む社会保障法を成立させた。しかしながら、その中に公的医療保険は含まれなかった。

　その流れを大きく転換させたのは第二次世界大戦であった。戦時動員をより効率的に進めようとする連邦政府の政策の結果、民間保険が急速に拡大した。すると政治アクターたちはその民間保険と共存する中で利益を増大させるための戦略を採用し始め、さらに彼らは政府権力をできるだけ排除するための働きかけを行っていった。1965 年のメディケアとメディケイドという公的プログラムの成立はこのような文脈の中の例外としてではなく、第二次世界大戦が引き起こした経路依存性の中だからこそ成立したものであると理解すべきである。

（1） 第二次世界大戦前史

20世紀初頭の時点では、ドイツやイギリスの医療保険制度の発展と比較すると、アメリカは遅れをとっていた。ドイツはオットー・フォン・ビスマルク（Otto von Bismarck）宰相の下で1883年に、イギリスはデビッド・ロイド・ジョージ（David Lloyd George）伯爵が主導して1911年に、それぞれ労働者を対象とした医療保険法を成立させた。そのようなヨーロッパでの動きを受けて、アメリカ国内でも公的医療保険の拡大のため政府権力の必要性を説くものが現れた。

アメリカ労働立法協会（Association for American Labor Legislation）が改革派の中で中心的役割を果たした。この団体は主に大学の研究者などの知識層が主要メンバーであった。19世紀末から急速に進んだ産業発展によって工場などで働く低賃金の労働者が生み出されたが、彼らに対して必要な保護を与えるべきだと彼らは主張した。そしてその主張はまず州ごとの労働災害法の成立という形で身を結んだ。しかし、ドイツやイギリスで成立したような一般疾病に対する保障はこの時には成立しなかった（Anderson 1985 : 67）。

アメリカの改革派にとって次なるチャンスが訪れたのは大恐慌後である。労働者の4分の1以上が失業したと言われる未曾有の経済不況による苦境に直面し、人々は連邦政府にその解決者としての役割を期待するようになった。ローズヴェルトは、経済を立て直すために、そして労働者を保護するためにニューディールと呼ばれる政策を行っていった。その一環としてさまざまな社会保障立法にも取り組んだ。しかし、医療保険は社会保障法に加えられることはなかった。

ここで1910年代のいわゆる革新主義の時代と1930年代のニューディール期の改革の流れの中で、労働者向けの公的医療保険プログラムが成立しなかった背景について論じなければならない。

第一に、連邦制と三権分立によって政治システムが分権化していることが挙げられる。各州は独自の憲法、軍・警察組織、税制を持つことができる。またアメリカの行政府の長である大統領は、連邦議員とは別の全国区の選挙

で選出されるため、大統領と議会との間には競争・対立関係が生まれやすいといえる。このような分権化された政治システムにはより多くの拒否権を行使できるアクターが存在し、大統領が強い主導権を発揮して大規模な社会政策を行うことが困難になる（Steinmo and Watts 1995 ; Emmergut 1992）。

　第二に、自由や個人主義に基づく政治文化である。これらの考え方の起源は独立革命期にまで遡ることができる。アメリカがイギリスから独立を果たす時に大きな原動力となったのは、反国家権力のイデオロギーである。この考え方に基づいて分権化された政治システムが作り出され存続しているといえる。さらに、このような政治文化においては、個人の私的空間に深く関係する医療のような分野に政府権力が介入してくることに対しては大きな反発が生まれる（Hartz 1955）。

　第三に、アメリカ医師会の強い影響力である。アメリカ医師会は1847年に設立され、その後に州ごとの医療教育制度や医師免許制度の整備に大きな役割を発揮してきた。アメリカ医師会は専門職団体としての地位を向上させると同時に、圧力団体としての政治的影響力も増加させていった。1901年には全医師中のアメリカ医師会への加入率は7％しかなかったが、1920年までにはそれが60％以上になった（Numbers 1978）。医師は地域のオピニオンリーダーである者が多く、医師会の動向は医師のみならず社会全体にも影響を与える可能性があり、連邦政府はアメリカ医師会との関係には慎重にならざるを得なかった（Poen 1979）。

　以上のような要因によって、20世紀初頭において、アメリカはドイツやイギリスなどとは異なり医療保険へ政府権力が介入することに消極的であったのである。しかし、第二次世界大戦によってその状況が変化することになる。

（2）　第二次世界大戦と民間保険

　第二次世界大戦は、アメリカの政治制度、政治文化、利益集団政治などに大きな外的圧力を与え、そしてそれに伴って医療政策が変化した。

　第一次世界大戦に比べると、この大戦で兵役に従事した者の数は3倍以上、その期間も2倍以上となった。その中で、戦地での戦い、そして銃後で

の軍需産業をより効率的に行うために市民の健康レベルを引き上げる必要性が高まった。アメリカ市民の健康は個人レベルの問題ではなく、国家レベルの問題、より具体的には国防問題の一部として位置付けられたのである。総力戦体制によって、政治権力は集中し、自由や個人主義を尊重する政治文化は抑圧され、その結果、アメリカ医師会も国家の利益（戦争の勝利）のために積極的に行動することが求められた[5]。

戦争に関わる政策によって、医療分野において3つの政策変化が生み出された。

第一に、民間保険が大きく拡大したことである。連邦政府は戦時中のインフレを抑制するために企業の賃金上昇を防ぐ方策を行った。しかしそれでは優秀な労働者を獲得できないと主張する企業のために連邦政府が採ったのが、雇用側が被雇用者に対して医療保険などを給与外手当として提供する場合には、その費用を税控除の対象とするという方策であった。それによって1940年には9.3％であった民間保険加入者の割合が、1945年には24％、1950年には過半数を超えるまでとなった（Baker and Dahl 1945 : 16）。

戦争がもたらした二つ目の大きな変化は、退役軍人医療サービスの拡大である。第二次世界大戦は、第一次世界大戦の3倍以上、1,400万人（人口比約10％）もの帰還兵を生みだした。その中には、兵役中に患った精神疾患に苦しむ者をはじめ、帰還後に医療サービスを必要とする者が多かった。このような国家のために犠牲を払った者に対して連邦政府は何らかのセーフティネットを準備しなければならず、そこで拡大したのが退役軍人病院をはじめとする退役軍人医療サービスである。その予算は1945年には1,580万ドルであったのが、1950年にはその約10倍の1億5,152万ドルに増加した（U.S. Bureau of Census 1952）。

戦争を経験したことによる三つ目の大きな変化は、以上の2つの変化によって皆保険が導入される可能性が低下したということである。民間保険と退役軍人医療サービスの拡大によって、医師会や労働組合などの利益集団がその戦略を変更し、その結果、公的プログラムによる皆保険の実現の可能性が低くなった。

　民間保険の拡大を受けて、多くの労働組合は、成立が困難だと思われる公的プログラムによる皆保険の実現のために政治的資源を使うよりも、民間保険を労使交渉の一部とし組合員獲得の手段とする方がよいと判断した。またアメリカ医師会は、それまで医療保険に対して、それが公的、民間のものであるにかかわらず、医師と患者との関係性に踏み入る第三者であるとして警戒心を持っていた。しかし、民間保険が拡大し続けるのを見て、それを積極的に推進する側に回ることで、公的プログラムによる皆保険の実現を阻止するという戦略を採用したのである（Gottschalk 2000 ; Hacker 2002）。

　退役軍人医療サービスの拡大は、連邦政府による医療分野への介入に対する医師会の警戒心をさらに煽った。退役軍人病院において給与制で働く医師が増えることは、出来高制の下で診療を行っていた民間の医師たちにとっての脅威となった。また退役軍人医療サービスの受益者は、"元" 軍人、すなわち一般市民であった。退役軍人医療サービスは軍務関連障害のみを対象とするとされていたが、実際には障害の起因を特定することは難しく、軍務関連障害以外の患者も受け入れられていた。そうなると民間の医師にとって退役軍人医療サービスは競争相手となり、その拡大に対して医師たちは反発するのである。

　さらに重要なのは、一般市民の中に退役軍人という特別なカテゴリーを生み出してしまったことである。すなわち、公的プログラムによる普遍性の強い皆保険を実現させようとする時に、退役軍人は独自の論理で利益を主張するという構造が生まれてしまい、利害調整により長い時間を要するようになったのである[6]。

　1940 年代後半から 1950 年代は、第二次世界大戦終了までに作られた医療制度を固める時期となった。ハリー・トルーマン（Harry Truman）大統領は終戦直後に皆保険の実現のための案を発表したが、それが委員会から本議会に上程されることはなかった。続く共和党のドワイト・アイゼンハワー（Dwight Eisenhower）政権下では、医療保険の税控除に対して法的根拠が改めて与えられ、それは民間保険のさらなる拡大への追い風となった（図 7-1 を参照）。

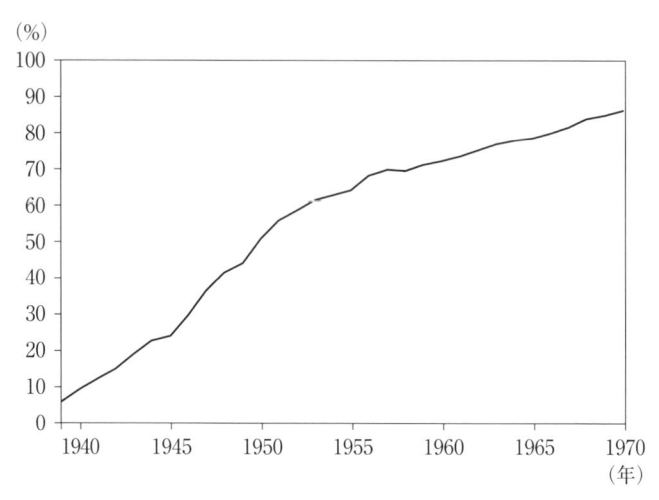

図 7-1　民間医療保険（病院・医師サービス対象）の加入者（人口比％）（1939 ～ 1970 年）
以下を基に筆者作成。Census Bureau, U.S. Department of Commerce, *Historical Statictics of the United States: Colonial Times to 1970*（Washington D.C.: U.S. Government Printing Office, 1975）, 82.

（3）公的保険の部分的導入

　民間保険の拡大は 1960 年代にも続いた。他方、1960 年代はメディケアとメディケイドという公的プログラムが成立したことで、連邦政府の医療分野における役割も広がったといえる。これらの相反するようにみえる動きは関連しあっている。すなわち、民間保険に依存していたがゆえに 2 つの公的プログラムが誕生したのである。

　高齢者向けに公的保険プログラムを成立させようとする動きは 1940 年末から広がりつつあった。このような動きは、トルーマンの皆保険案の実現の可能性がもはやなくなったのを受けて、リベラル派がその次善策として高齢者向けプログラムに注目したことが背景にある（Cunningham and Cunningham 1997 : 120）。

　高齢者向けプログラムは 1950 年代にも継続してリベラル派から提案された。また、前述したように労働組合は皆保険の成立には消極的になっていたが、高齢者向けプログラムの成立に対しては積極的支持を表明した。なぜな

らば、多くの労働組合は組合員に対して退職後も医療保険を提供しており、退職者を切り離すことができれば財政的な負担を軽減できると考えたからである。

まさに高齢者向けプログラムは、リベラル派の希望と労働組合のニーズとが合致したものであったのである。公的保険プログラムの設立にはそれまで反対の姿勢をとってきた共和党も、対象を高齢者に特定したプログラムに対してはその姿勢を軟化させ、アイゼンハワー政権でも専門の委員会を設立され政策研究が行われた（Sundquist 1968 : 293-297）。

1964 年の選挙でリンドン・ジョンソン（Lyndon Johnson）大統領が地滑り的勝利を果たしたことは、メディケア成立に向けて大きな後押しとなった。議会選挙では民主党が大勝し、その民主党の中においてリベラル派の勢力が拡大した。この選挙結果を受けて、もはや何らかの形での医療保険改革の成立は避けられないだろうという雰囲気が民主党議員だけでなく共和党議員にも広がった。そのような雰囲気の中で下院歳入委員会のウィルバー・ミルズ（Wilbur Mills）委員長が、メディケアに加え、より超党派での支持が得られる貧困者向けプログラムを一緒に成立させる戦略を採った。このような政治状況の中で、メディケアへ反対をしてきたアメリカ医師会は法案成立を阻むことはできなかった（Marmor 1970 : 63-4）。

メディケアとメディケイドの成立によって、アメリカ医療保険制度は、退役軍人、高齢者・障害者、貧困者というアメリカではしばしば「救済に値する（deserving）」とされるグループには公的保険が準備され、その他の人々は民間保険に加入する（ことが期待される）という構造ができ上がった。民間保険を中心とした医療保険システムは、公的プログラムによって補完されながら、アメリカ社会に定着したといえる。

（4）　民間保険の変質

メディケアとメディケイドの導入でアメリカにおける無保険者問題が解決されたわけではなかった。1970 年代には日本や西ドイツの台頭により世界経済におけるアメリカの地位が低下しているのが明らかになり、アメリカ企

業は競争力を高めるために医療保険などの給与外手当てを削減することを模索し始めた。他方、連邦政府もその歳入が継続して伸びていく時代の終焉に直面し、社会保障関連プログラムの縮小を含め何らかの対処をしなければならなくなった。

　それに加え、医療技術の進歩も大きな要因となり、医療費は高騰し続けた。民間保険会社はマネイジドケアなるものを広めることでこれに対応しようとした。これは、被保険者が行くことができる医療施設や、そこで受けることができる医療サービスに制限を設けることによって医療費の抑制を図ろうとするものである。

　しかし、マネイジドケアが広がっていくにしたがって、保険に加入していても必要な医療サービスを受けることができないという問題（低保険者問題）が生じることが明らかになってきた[7]。そして、マネイジドケアの医療費抑制に対する効果も限定的で、保険料の高騰もあり保険に加入できない者が景気の良い悪いにかかわらず増加していく問題（無保険者問題）も残ることもわかってきた（図7-2を参照）。これらの問題を解決しようとしたのがオバマケアであった。

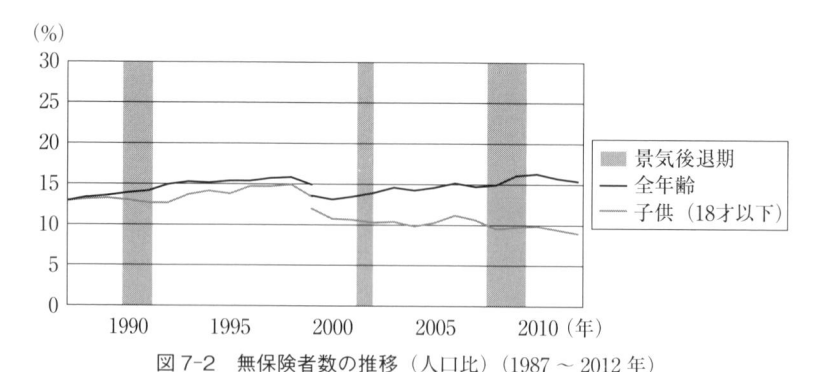

図7-2　無保険者数の推移（人口比）（1987 〜 2012 年）

以下を基に筆者作成。U.S. Census Bureau, "Income, Poverty and Health Insurance in the United States: 2012"〈https://www.census.gov/hhes/www/poverty/data/incpovhlth/2012/index.html〉.1999 年に新たに事実確認調査を行う方法を併用し、その後はその方法を使用したため 1999 年の数字が 2 つ存在する。

3.　オバマケアの成立過程と執行過程

　オバマケアは、アメリカ史上初めて、全市民に対して医療保険への加入を義務付け、50 人以上を雇用する雇用主に対して従業員への保険提供を義務付けるものであった[8]。これは、20 世紀初頭から始まった皆保険導入に向けての運動が結実したものだともいえ、オバマケアが「百年に一度の改革」と呼ばれる所以である（天野 2010：210-218）。

　確かに、これまでの医療制度改革と比較してもオバマケアは画期的な改革であったといえる。シーダ・スコッチポル（Theda Skocpol）は、過去の社会保障プログラムと同様、オバマケアも時間が経つにつれその効用が広まることでアメリカ社会に受け入れられるであろうとする。すなわち、オバマケアという新しい政策は医療改革をめぐる政治過程に影響を与え、その結果時間が経つにつれ動かし難いものになっていくという（Skocpol 2015）。

　オバマケアが成立してから約 6 年しか経っていない時点で、スコッチポルの見方が正しいかどうかを判断するのは難しい。確かに、オバマケア施行後には医療制度改革をめぐる言説が変化した。特に、連邦政府が皆保険の実現のために役割を果たすべきか否かについては、それを完全に否定することは難しくなってきているといえる。

　他方で、現在繰り広げられている「オバマケア狂騒曲」を見ていると、利益集団や一般市民の中での支持が大きく拡大しているようには見えない。またそもそもオバマケアはアメリカ医療制度史の中で「決定的転機」だったのかという疑問も出てくる。

　以下では、オバマケアの成立過程と 2016 年 3 月までの執行過程を概観しながら、アメリカ医療史の中にオバマケアを位置付け、今後の行方について論じる。

（1） オバマケア成立の背景

　1992 年の大統領選挙ではビル・クリントン（Bill Clinton）が、医療保険制度改革を主要争点として位置付けた選挙を勝ち抜き、政権発足後にはファースト・レディのヒラリー・クリントン（Hillary Clinton）を座長としたタスクフォースで具体的な改革案がまとめられた。

　この時には改革案が成立することはなかったが、医療問題の深刻さに対する認識が広まるきっかけにはなった。2000 年に入っても多くのメディアで医療問題が取り扱われ、2007 年にヒットしたマイケル・ムーア（Michael Moore）監督のドキュメンタリー映画『シッコ』では低保険者問題の深刻さが伝えられた。

　医療危機が叫ばれる中で、マサチューセッツ州で画期的な医療保険改革が成立した。それは、共和党のミット・ロムニー（Mitt Romney）知事が民主党多数の州議会と協力して成立させたものである。この改革が実現したことで、保守派が主張していた個人に対する義務付けと、リベラル派が主張していた雇用主への義務付けをセットにした改革の可能性が示された。後にロムニーケアと呼ばれるようになるこの改革は、結果的にオバマ政権の成立を助ける役割を果たすことになった（Starr 2011 : 175）。

（2） オバマケアの成立過程と内容

　オバマは 2008 年の大統領選挙において医療問題を主要争点の一つとし、当選後には医療制度改革を行うことを約束していた。ただし、具体的な改革の内容については明確な言及をさけ、議会における議論に任せるとした。その背景には、クリントン政権で失敗したのはホワイトハウスの秘密主義が原因であったとする反省があった。

　オバマケアの成立過程の特徴は、アメリカ医師会、アメリカ病院協会、アメリカ製薬研究製造協会などの主要医療関係団体や民間保険業界が賛成に回ったことである。これは、オバマ政権の誕生がもたらした「Change（変革）」のムードに対する熱狂には抗しがたいという業界の判断もあったが、オバマケアによって少なくとも長期的に見て利益が拡大するであろうという

合理的な判断もあった（Jacobs and Skocpol 2010 ; Altman and Shactman 2011）。議会での投票の結果を見ると、共和党議員全員が反対に回るという党派的なものであったが、議会外では、それまで改革反対を貫いてきた団体の多くが賛成していたのである。

　このようにして成立したオバマケアは、前述したように個人と雇用主に対する義務付けが主要な部分となり、それに反した場合にはペナルティが課された[9]。個人で保険を購入する者に対しては、州が医療保険取引所を設立する。民間保険者はそこに連邦政府と州政府が定める基準を満たしたプランを提示し、人々はその中から購入することとされた。また民間保険者に対しては、既往症がある者などに対して法外な保険料を要求することを禁ずるなどの規制も加えられた。

　オバマケアのもう一つの目玉は、メディケイドの拡大である。それまでメディケイドが提供されてこなかった子供がいない成人などにも提供されるようになった。さらに、貧困ラインの138％（2015 年では 4 人家族で年収 3 万 2,913 ドル）まで適用を拡大した[10]。

（3）　オバマケアは「決定的転機」なのか？

　次にオバマケアがもたらす経路依存性について論じるが、その前にオバマケアの成立過程において重要な点について言及しなければならない。

　それはオバマケアにいわゆる「パブリック・オプション」が含まれなかったことである。これは、医療保険取引所に提示される保険プランの中に公的プランを含むことを認めるというものであった。医療業界団体もこれについては反対を表明し、オバマ大統領もこれに固執するよりは法案の成立を優先させる決断を行ったのであった。

　パブリック・オプションは、医療保険取引所で提示される医療保険プランの質と価格に連邦政府がより直接的に影響を及ぼすことができるという意味で、医療費抑制のための切り札といってよいものであった。したがって、この導入を断念するというオバマ大統領の判断は、医療問題の中でも無保険者問題（被保険者の量の問題）を最優先とするという意思表明であり、低保険

者問題（保険内容の質の問題）や医療費高騰問題（医療サービスと保険料の価格の問題）については優先順位が下げられたのである。

　すなわち、個人や雇用主への義務付けという方法で皆保険に向けて大きな一歩を踏み出したという点では、オバマケアはアメリカ医療制度史上の「決定的転機」になったといえる。しかし、民間保険を中心とした構造は変わらず、医療サービス供給側の体制も大きくは変わらないため、医療分野におけるサービスの質やお金の流れが大きく変わったわけではないのである。

　オバマケアが医療制度全体をより大きく転換させるためには、オバマ政権後に大統領になる者が行う「次の一手」次第となる。すなわちオバマケアは「決定的転機」をもたらすための"第一弾"にすぎないと捉えた方がよいのではないだろうか。

　オバマケアが2017年に就任する大統領の下でどのように変化する可能性があるのかについては結論部分で述べるが、まず次項では、オバマケアがこれまでもたらしたといえる経路依存性についてまとめる。

（4）　オバマケアの「学習効果」

　オバマケアの成立は、アメリカにおける医療制度改革をめぐる議論に大きな影響を与えた。オバマケア以前は、連邦レベルで皆保険制度を導入すべきか否かという「そもそも論」が存在した。しかし、オバマケアが誕生したことによって、連邦レベルの皆保険を真っ向から否定すること、オバマケアを単純に破棄するだけで代替案を提示しないということは難しくなった。争点は、オバマケアを維持するのか、修正するのか、または代替するのか、というものへ移った。これはオバマケアがもたらした学習効果であるといえる。

　世論の動向を見ると、2010年3月にオバマケアが成立してからしばらくは否定的な意見が多くなっていく傾向があった。しかし、個人への義務付けが開始された2014年1月から世論は少しずつではあるが好意的とする意見が増える傾向になってきたともいえる（図7-3を参照）。

　また、個人で保険に加入しなかった者が初めてペナルティを徴収される2015年4月には反対運動が起こることも予想されたが、大きな騒動もなかっ

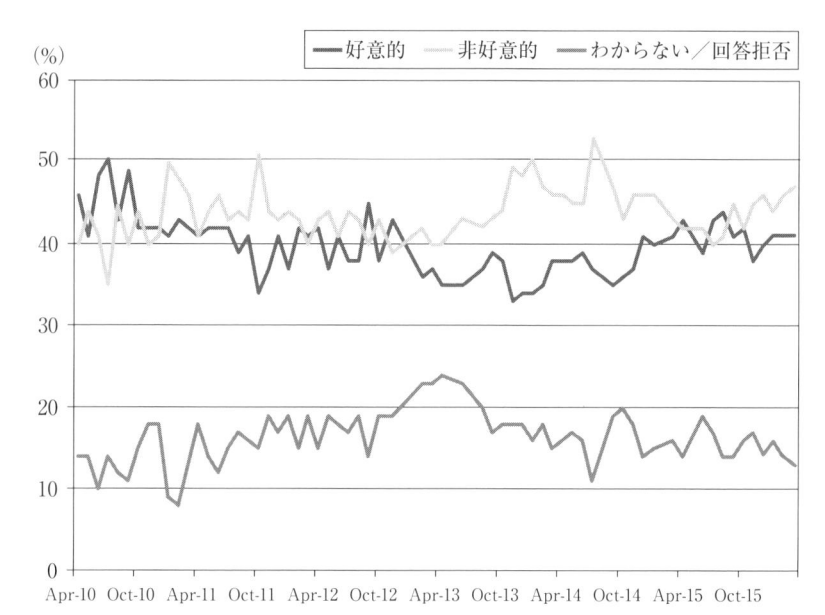

図 7-3　オバマケアに関する世論調査の変化（2010 年 4 月〜 2016 年 3 月）
以下を基に筆者作成。Henry J. Kaiser Family Foundation, *Health Tracking Polls*.

た（Altman 2015）。アメリカ市民は新しい医療保険制度の枠組みに慣れて
くる中で、少しずつではあるが支持が増えていっているといえるのかもしれ
ない。

　2012 年 6 月に連邦最高裁が下したオバマケアに対する合憲判決もオバマ
ケアのもたらした学習効果の一部であるだろう。この判決は、オバマケアの
個人への義務付けが違憲であるという訴えを受けてなされたものである。違
憲判決が出るという予測が少なくなかった中で、共和党のジョージ W. ブッ
シュ（George W. Bush）大統領によって任命されたジョン・ロバーツ（John
Roberts）首席判事が合憲であると判断したことは多くの人々に驚きをもっ
て受け取られた。

　ロバーツは、判決文の最後に「最高裁はオバマケアの英知について違憲を
述べるものではない。合衆国憲法の下では、その判断を下すのは人民である
とされている（U.S. Supreme Court 2012 : 51）」と述べた。このロバーツの

コメントは、最高裁の判決にもオバマケアが破棄された時の政治的コストが考慮されたことを示していると言えよう。

（5）　オバマケアの「政治的輪郭形成効果」

　1965 年にメディケアが成立した後には、その受益者である高齢者団体が最大の政策支持団体となり、プログラムの継続と改善を主張してきた。これが新しい政策が引き起こす政治的輪郭形成効果である。それではオバマケアはどのような受益者を生み出し、それはオバマケアの将来にどのような影響を及ぼすのだろうか。

　オバマケアは、2014 年に個人に対する義務化を実施してから無保険者の削減に寄与してきている。ギャラップによると、2013 年第 4 四半期には無保険者が人口比 17.1% であったのが、2015 年第 3 四半期にはその数字が11.6% になった（Marken 2015）。カイザー・ファミリー財団のメディケイドおよび無保険者問題委員会の委員長を務めるダイアン・ローランド（Diane Roland）はオバマケア施行後の無保険者の減少率を「歴史的な削減」と評している（Rovner 2015）。

　オバマケアが新たに生み出した受益者としては、まず 2 つのグループが挙げられる。一つ目は、新たにメディケイドの適用になるグループである。正確な数字の把握は困難だとされるが、2013 年 10 月以降にメディケイドに新たに加入したのは約 1,350 万人で、その大部分がオバマケアによってメディケイドが拡大されたことで新たに受益者になった者であると推測されている（Mangan 2016）。

　これらの人々がオバマケアを維持し拡大していくための役割を果たすだろうかというと、それほど期待できない。より高い収入を得る者と比べると、低所得者の投票率は低く、その他の政治的活動への参加も少ないからである（Verba and Nie 1987）。

　オバマケアによって生み出される受益者グループのもう一つは、医療保険取引所で新たに保険を購入できるようになった人々である。彼らは雇用関係で保険が提供されず、個人で保険プランに加入する人々である。国勢調査に

よると、2014年内に医療保険取引所を通して保険プランを購入した人の数は900万人近くに及ぶ（Rovner 2015）。

　メディケイドを受給する人々よりは収入が高いといえる医療保険取引所に参加する人々が集団を形成して積極的に政治的働きかけを行うかというと、こちらもそれほど期待できないといえる。医療保険取引所で保険プランを購入する人々のほとんどは、労働組合などのような既存の政治組織に参加しておらず、また居住地が全国に散らばっており組織化は容易でない。さらには、仕事を変え雇用を通じて保険が提供されるようになると、もはや医療保険取引所を必要としなくなってしまうことも組織化をより困難にするといえる。

　以上のように、オバマケアのメディケイドの拡大と医療保険取引所の設立によって利益を得るグループは、それぞれ政治的に動員されにくい状況になっているといえる。さらに、オバマケア全体を支える政治連合を形成するという意味でも難しい。以上の2つのグループだけでも、前者は拠出金なき福祉プログラムの受給者で、後者は拠出金のある社会保険プログラムであり、理念の異なるプログラムの受益者である両者が協力して強い支持連合を組織するとは考えにくいからである。カイザー・ファミリー財団のドリュー・アルトマン（Drew Altman）会長も、少なくとも短期的に見ると、オバマケアの受益者が大きな政治的影響力を持つとは考えにくいと述べている（Altman 2015）。

　オバマケアは受益者を生み出すだけではない。その費用を負担する側も生み出す。高額所得者への増税、キャディラック・プランへの課税、医療機器への課税、病院へのメディケア関連支出の削減、民間保険者への課税等によってオバマケアの費用は捻出されるとしている。経済が右肩上がりに伸びている時期であればその負担を大きな痛みに感じることはないかもしれないが、現在のアメリカ経済はそういう状況にはないし、経済不況などが起きれば負担者側からの反発はより大きくなる。この負担する役割を果たすグループの中でオバマケアの行方を考えるうえで重要なのが、労働組合、医療関係団体、民間保険者である。

　労働組合はオバマケアに対して支持する立場を取ってきているが、既述のようにオバマケアの最大の受益者は個人で保険に加入する者とメディケイドの受給者である。したがって、雇用を通じて保険提供を受ける企業の労働者たちのほとんどはオバマケアの恩恵をあまり感じない。それに加え、オバマケアによって所得が高い労働者は社会保障税が高くなった[11]。さらには、キャディラック・プランへの課税が始まる 2018 年までには、多くの企業がこれを回避するために、より多くの窓口負担や免責額を設定したより安いプランに切り替えるとしている。労働組合はこのような動きに反対し、キャディラック・プランへの課税に反対をしている（Mangan 2015）。

　既述したように病院や医師団体もオバマケアの成立時には支持を表明した。保険に加入する者が増えると患者数も増える、したがってたとえ医療機器に課税されたり、病院へのメディケアの支払いが減額されたりしても、全体としては利益が拡大するという合理的な計算がその背景にあった。しかし、オバマケアが施行されると、医療機器への課税や診療報酬の減額に対して反発を強めてきている。

　最後に、民間保険者もオバマケア成立時は賛成の立場を取った。政府からの補助金によってより多くの者が保険に加入できるようになれば、民間保険者の利益は増大するという思惑があった。

　しかし、個人に対する義務付けが始まってしばらくすると、民間保険者の中に医療保険取引所で想定していた通りに利益を得ることができないとする者が現れてきた。ユナイテッド・ヘルスケアはその一例である。この民間保険会社は、医療保険取引所で保険プランを購入する者の中に健康リスクが高い者が想定よりも多かったこともあり、利益が予想を下回ったと主張する。もしこれが改善されないのであれば、次年度から医療保険取引所に参加することを断念すると主張している（Appleby 2015）。

　労働組合や、医療団体、民間保険者などの要求を今後もある程度聞き入れていくことは、オバマケアへの支持連合を形成していくためには必要であろう。

　だが、このような要求を聞き入れていくと、オバマケアの財政基盤が弱

体化していくことは確実である。弱体化していくと、どこかで新たな負担を求めないとならないが、それは政治的には非常に難しい。このようなオバマケアの受益者でもあり同時に負担側でもあるアクターたちは、今後の展開によってオバマケア反対に回る可能性も十分にあり得る。

4.　おわりに

「百年に一度の改革」とも呼ばれるオバマケアではあるが、以上のようにアメリカの医療制度の発展の道筋を大きく変えるものとはなっていない。

長い時間をかけて民間保険制度が発展してきており、医師などの医療関係団体、労働組合、経営者団体、民間保険業界団体などの利害関係者たちもその枠組みの中で戦略を立てて利益を確保してきた。オバマケアはこのようなアクターたちの戦略を大きく変えるものだとはいえない。

ただし、オバマケアはアメリカにおいて皆保険を真っ向から否定する議論を展開するのをより難しくしたという点では大きな貢献であったといえる。2016 年の大統領候補者たちは「オバマケアを破棄せよ」というスローガンを叫ぶ時に、「オバマケアを代替せよ（Replace Obamacare）」という文言をつけて具体的な代替案の提示が求められている。これが、オバマケアが医療制度に与えた最大の変化であったといえる。

2017 年に就任する新大統領が避けて通れないのは、オバマ大統領がとりあえず棚上げにした低保険者問題、そして医療費と保険料の高騰問題である。保険を持つものが増えると医療費が上がる。オバマケアはどうにかその増加分は財源をかき集めて補った。しかし、新大統領が低保険者問題を解決しようとすれば、すなわち高い免責額の上限を低くしたりするならば、保険料が上昇することは必至で、それを補填するためにさらなる補助金の上積みをしなければならない。

そうなると中流階級以上の負担を増やす必要も出てくるし、医師や病院などの医療サービス提供者への支払いを減額する必要も出てくる。新大統領がこのような政治的に危険なことをできるとは考えづらい。

　さらに問題を複雑化しているのは、1960 年代以降、政府に対する信頼度が長期的に低下傾向にあるということである（久保 2010：2-13）。さらに、2000 年代に入ってからは「小さな政府」を志向する度合いが強くなってきていることも指摘されている（Wilke 2013）。このような文脈の中で、民主党リベラル派が主張するように、パブリック・オプションの議論を復活させ、さらには 2016 年大統領後補者であるバーニー・サンダーズ（Bernie Sanders）が主張しているように、シングル・ペイヤー制を導入しようとする動きが政治的に大きな魅力を持つとは思えない。

　このような中では、民主党ではヒラリー・クリントンのような現状維持派が主流になるだろう。他方共和党では「オバマケアを破棄せよ」という声は止まず、どのような代替案を示すかで主流派とティーパーティ的な保守派との対立が続くだろう。そしてその間にアメリカ医療制度は低保険者問題、医療費問題、保険料問題などの「医療危機」が続いていく。

　オバマ後の新大統領が、このような困難な状況を打破するためにリーダーシップを発揮できるのかが注目される。

　＊本章は、日本学術振興会科学研究費補助金（課題番号：26380192, 26285030, 23330041）と南山大学パッヘ研究奨励金（2015 年度）の助成により行われる研究の一部である。

注
1)　1973 年、社会保障障害者保険の受給者がメディケアの対象者に含まれた。
2)　「オバマケア」は反対派による造語であるが、2012 年に最高裁で合憲判決が出た後ぐらいからオバマ大統領も自ら使い始めたが、その後、またあまり使わなくなった。アメリカでは党派的な言葉として受け取られることもあるオバマケアという言葉ではあるが、日本の主な新聞でも通称として使用されているため、本章ではこの言葉を使う。
3)　アメリカ医療保険の歴史的発展については、拙著（2014）『アメリカ医療制度の政治史 ― 20 世紀の経験とオバマケア』名古屋大学出版会を参照。なお、本章はこの拙著のための調査に加え、新たな調査を行って書かれたものである。
4)　以下で 2010 年 4 月以降のオバマケアに対する世論の推移について見ることができる。The Henry J. Kaiser Family Foundation, "Kaiser Health Tracking Poll: The Public's

View on the ACA,"

〈http://kff.org/interactive/kaiser-health-tracking-poll-the-publics-views-on-the-aca/#?response=Favorable--Unfavorable〉，2016 年 3 月 30 日アクセス．

5)　第二次世界大戦がアメリカ医療制度に与えた影響の詳細については以下の拙著を参照。Takakazu Yamagishi（2011）*War and Health Insurance Policy in Japan and the United States: World War II to Postwar Reconstruction*, Baltimore: Johns Hopkins University Press.

6)　退役軍人医療サービスの歴史的発展、特に第二次世界大戦後のそれをめぐる政治的争いについての詳細については以下の拙稿を参照。Takakazu Yamagishi, "War, Veterans, and Americanism: The Political Struggle over VA Health Care after World War II," *The Japanese Journal of American Studies* 24（July 2013）: 145-164.

7)　現在、低保険者問題（underinsured problem）として議論されるのは、主に高額の免責額が設定してある保険プランになっている。

8)　個人への義務化は 2014 年から実施されたが、同時期に実施される予定であった雇用主への義務化は 2016 年開始へと変更された。オバマケアの詳細については以下を参照。天野拓（2013）『オバマの医療改革 — 国民皆保険制度への苦闘』勁草書房．

9)　個人へのペナルティは、独身成人だとすると、2014 年で 95 ドルか年間所得の 1％の高い方、2015 年で 325 ドルか年間所得の 2％の高い方、2016 年以降は 695 ドルか年間所得の 2.5％の高い方となっている。雇用主へのペナルティは 2,000 ドル（最初の 30 人までは免除）となっている。

10)　しかし、2012 年の最高裁の判決でメディケイドの拡大を連邦政府が州政府に強要することは違憲であるとされ、その結果 2015 年 12 月現在で実施している州は 31 にとどまっている。メディケイドの拡大について、どの州がすでに実施していて、どの州が協議中なのかなどの情報は以下で参照。The Henry J. Kaiser Family Foundation, "Status of State Action on Medicaid Expansion Decision,"

〈http://kff.org/health-reform/state-indicator/state-activity-around-expanding-medicaid-under-the-affordable-care-act/〉，2015 年 11 月 25 日アクセス．

11)　個人で 20 万ドル、カップルで 25 万ドルの収入がある場合にはメディケアのパート A（病院サービス）の税率が 1.45％から 2.35％に引き上げられた。

参考文献一覧

外国語文献

Appleby, Julie（2015）"United Health Warns of Marketplace Exit — Start of a Trend or Push for White House Action." *Kaiser Health News*.

〈http://khn.org/news/unitedhealth-warns-of-marketplace-exit-start-of-a-trend-or-pushfor-white-house-action/〉，2015 年 11 月 20 日アクセス．

Altman, Drew（2015）"At Tax Time, No Public Backlash over Obamacare's Individual Mandate," *Wall Street Journal.*
〈http://blogs.wsj.com/washwire/2015/04/21/at-tax-time-no-public-backlash-over-obamacares-individual-mandate/〉，2015 年 4 月 23 日アクセス．

------. (2015) "What's the Political Power of Those Newly Insured under Obamacare," *Wall Street Journal.*
〈http://blogs.wsj.com/washwire/2015/12/03/whats-the-political-power-of-those-newly-insured-under-obamacare/?hsCtaTracking=ceb1b8fb-0212-4222-925c-74714258ff29|0aad 2693-fe8e-43ad-8873-3e57fe77a20d&utm_campaign=KFF% 3A+Drew% 27s+Columns& utm_medium=email&_hsenc=p2ANqtz-_HUgb4uqBc-rW_XBOCxL0bPK1drK- ebQZMduNM6-99LhaxY4BcCp61DR4x2qdGZ7_Ec5oIgH31CRBFtg23WK3qW1Wnog&_ hsmi=24258786&utm_source=hs_email&utm_content=24258786〉，2015 年 12 月 5 日アクセス．

Altman, Stuart and David Shactman（2011）*Power, Politics, and Universal Health Care: The Inside Story of a Century-Long Battle,* New York: Prometheus Books.

Baker, Helen and Dorothy Dahl（1945）*Group Health Insurance and Sickness Benefits Plans in Collective Bargaining,* Princeton, NJ: Industrial Relations Section, Dept. of Economic and Social Institutions, Princeton University.

Cunningham III, Robert and Robert M. Cunningham Jr.（1997）*The Blues: A History of the Blue Cross and Blues Shield System,* DeKalb, Illinois: Northern Illinois University Press.

Gottschalk, Marie（2000）*The Shadow Welfare State: Labor, Business, and the Politics of Health Care in the United* States, Ithaca, NY: Cornell University Press.

Hacker, Jacob S.（2002）*The Divided Welfare State: The Battle over Public and Private Social Benefits in the United States,* New York: Cambridge University Press.

Hartz, Louis（1995）*The Liberal Tradition in America: An Interpretation of American Political Thought Since the Revolution,* San Diego: Harcourt Brace Jovanovich.

Immergut, Ellen（1992）*Health Politics: Interests and Institutions in Western Europe,* New York: Cambridge University Press.

Jacobs, Lawrence and Theda Skocpol（2010）*Health Care Reform and American Politics: What Everyone Needs to Know,* New York: Oxford University Press.

Mangan, Dan（2015）"Obamacare 'Cadillac Tax' — Who Wants it, and Who Won't Pay," *CNBC*
〈http://www.cnbc.com/2015/10/01/obamacare-cadillac-tax-who-wants-it-and-who-

wont-pay.html〉, 2015 年 10 月 3 日アクセス.

Mangan, Dan（2016）"Has Obamacare's Medicaid Expansion Reached a Tipping Point?" *CNBC*〈http://www.cnbc.com/2016/01/26/has-obamacares-medicaid-expansion-reached-a-tipping-point.html〉, 2016 年 3 月 30 日アクセス.

Marken, Stephan（2015）"U.S. Uninsured Rate at 11.6% in Third Quarter," *Gallup.*〈http://www.gallup.com/poll/186047/uninsured-rate-third-quarter.aspx〉, 2015 年 10 月 10 日アクセス.

Marmor, Theodore（1970）*The Politics of Medicare.,* New York: Adline.

Numbers, Ronald L.（1978）*Almost Persuaded: American Physicians and Compulsory Health Insurance, 1912–1920,* Baltimore: Johns Hopkins University Press.

Parkinson, John（2012）"Boehner: Raising Tax Rates 'Unacceptable.'" *ABC News.*〈http://abcnews.go.com/Politics/boehner-exclusive-raising-tax-rates-unacceptable-revenue-table/story?id=17672947〉, 2012 年 11 月 10 日アクセス.

Pierson, Paul（2000）"Not Just What, but *When:* Timing and Sequence in Political Processes," *Studies in American Political Development* 14（Fall）: 72–92.

Poen, Monte M.（1979）*Harry S. Truman Versus the Medical Lobby: The Genesis of Medicare,* Columbia: University of Missouri Press.

Rovner, Julie（2015）"Nearly 9 Million People Gained Insurance in Health Insurance Marketplace's First Year," *Kaiser Health News.*〈http://khn.org/news/nearly-9-million-people-gained-insurance-in-health-marketplaces-first-year/〉, 2015 年 9 月 17 日アクセス.

Skocpol, Theda（2012）"Obama's New Deal, Tea Party Reaction and America's Political Future," in Theda Skocpol, *Obama and American Future,* Cambridge, MA: Harvard University Press, 2012.

Starr, Paul（2011）*Remedy and Reaction: The Peculiar American Struggle over Health Care Reform,* New Haven, Connecticut: Yale University Press.

Steinmo, Sven and Jon Watts（1995）"It's the Institutions, Stupid! Why Comprehensive National Health Insurance Always Fails in America," *Journal of Health Politics, Policy and Law* 20（2）: 329–372.

Sundquist, James L.（1968）*Politics and Policy: The Eisenhower, Kennedy, and Johnson Years,* Washington, D.C.: Brookings Institute Press.

Thelen, Kathleen. 1999. "Historical Institutionalism in Comparative Politics," *Annual Review of Political Science*（2）: 369–404.

U.S. Bureau of the Census（1952）*Statistical Abstract of the United States: 1952,* Washington D.C.: U.S. Government Printing Office.

U.S. Supreme Court (2012) "National Federation of Independent Business et al. v. Sebelius, Secretary of Health and Human Services, et al.,"
⟨http:// www.supremecourt.gov/opinions/11pdf/11`393c3a2.pdf⟩, 2012 年 5 月 6 日アクセス.

Verba, Sydney, Norman Nie (1987) *Participation in America: Political Democracy and Social Equality*, Chicago: University of Chicago Press.

Wilke, Joy (2013) "Americans' Beliet That Gov't Is Too Powerful at Record High," *Gallup*.
⟨http://www.gallup.com/poll/164591/americans-belief-gov-powerful-record-level.aspx⟩, 2013 年 9 月 24 日アクセス.

邦語文献

天野拓（2010）「『百年に一度』の改革の達成」久保文明編『オバマ政治を採点する』日本評論社

――（2013）『オバマの医療改革 ― 国民皆保険制度への苦闘』勁草書房

小野耕二（2001）『社会科学の理論とモデル 11 比較政治』東京大学出版会

久保文明（2010）「オバマ大統領の政権運営 ― 政府に対する不信感に加え有権者のイデオロギー的分裂の中で何を成し遂げ、どこへ向かうか」久保文明編『オバマ政治を採点する』日本評論社

山岸敬和（2014）『アメリカ医療制度の政治史 ― 20 世紀の経験とオバマケア』名古屋大学出版会

第 **8** 章

外交・安全保障政策
—— 思想、政策とその帰結

1. はじめに

2008年11月4日夜、ホワイトハウスへの切符を手にしたばかりのバラク・オバマ（Barack Obama）はイリノイ州シカゴのグラント・パークから世界に向けてこう語りかけた[1]。

> 海の向こうから、議会から、宮殿から、この様子を見ている人たちよ、世界の忘れられた片隅でラジオの周りに身を寄せている人たちよ、私たちはそれぞれ独自の物語を生きながらも、一つの運命を共にしています。アメリカのリーダーシップの新たな夜明けはすぐそこです。

会場に集まった20万人の聴衆が歓声をあげる。

次期アメリカ大統領として外交を初めて語るその最初の一文で、オバマは自身の理念を表明し、前政権の外交路線からの決別を宣言してみせた。すなわち、アメリカは決して特権を手にしているわけでなく一つの世界の中で他者と共に在る、「私たち」はそれぞれ固有の価値をもっていると同時に普遍的な希望に向かって共に歩んでいる、と弁じたのである。

この演説の背景にある彼の外交理念とはいかなるものか。それはアメリカ外交の伝統の中でどのように位置付けられるのだろうか。そして彼が大統領となった時、その理念はどのような政策として結実し、いかなる帰結をアメリカに、そして世界にもたらしているのか。

本章では、順を追ってこれらの問いへの答えを探していくことで、オバマ

政権の外交の実像を描き出そうとする。さらに、これらの問いに答える際に
アメリカ外交の分析者が直面する課題についても論じていく。それにより、
多様な脅威にさらされている現代の国際社会において、実務家と研究者が共
に新たな課題に挑戦し苦悩している状況こそが、この政権の外交を特徴付け
ていることが浮き彫りになるだろう。

　具体的には、まず、オバマの外交理念を明らかにし、理念と実際の政策
とのつながりを分析する。第二節では外交思想と政策分析を架橋する手法に
ついて検討し、次いで第三節では中庸を旨とするオバマの外交理念について
掘り下げる。第四節ではそれがいかなる個別具体の政策に結実したかを、グ
ローバルな脅威への対応とアジア太平洋地域への「リバランス」に焦点を当
てつつ論じる。

　その後、オバマ政権の政策がどのような結果をもたらしたのかについて
検討を試みる。第五節はアメリカ外交を、その原因と結果をふまえて包括的
に論じる際に分析者が直面する問題について議論する。そして、特定の「主
義」に依拠することを良しとしないオバマが、アフガニスタンやイラクにお
いて苦悩を深めている様を示し、本章のむすびとする。

2.　外交思想と政策分析

　アメリカの外交には通底する伝統があると言われる。例えば、ジョー
ジ・ワシントン（George Washington）の「告別演説」に端を発し「モン
ロー宣言」によって明示された孤立主義の伝統や、ウッドロウ・ウィルソン
（Woodrow Wilson）が「14箇条原則」として掲げた理想主義の衝動である。
このような伝統への着目は他国と比較した際のアメリカ外交の特色を鮮やか
に描き出すことを可能にしてきた。

　しかし、このような分析手法は、個別具体の政策を分析したり予測したり
する際にはあまり有益とはいえない。というのも、伝統の存在を所与とした
議論では、時期や対象地域による違いについては充分に説明できないからで
ある。

　そこで、アメリカ外交の分析ではしばしば上述のような伝統を軸とした類型論が展開される（例えば Mead 2002）。ところが、このような議論は往々にしてトートロジーに陥りがちである。つまり、ある政権や政治家が「ウィルソニアン」であるために特定の政策を採用したのか、ある特定の政策を採用したがために「ウィルソニアン」とラベル付けされたのか釈然としない。外交思想や伝統を後付けの説明ではない形で分析に取り込むことは、実はそれほど簡単なことではない。

　そのようなトートロジーを回避する一つの方法は、ある政権ないし政治家の外交思想を彼らの政策とは別の資料に基づいて分析することである。彼らの政策から遡って思想を読み解くことは不可能ではないが、極めて困難な作業となろう。政策は外交思想のみによって規定されるわけではなく、さまざまな外的環境によっても影響を受けるため、必ずしも彼らの思想だけを反映しているとは限らないからである。

　そのようにして外交思想と個別具体の政策の関係を体系的に分析した重要な実践例として、久保文明らのグループによる外交思想潮流に着目したアプローチが挙げられよう（久保編 2007）。彼らはまず、丹念な実地調査や聞き取り調査に基づいて、先述のような伝統を体現する人々や特徴的な政策志向をもったグループを突き止め、それらが政権の中でどのような地位を占めるかを提示する。

　分析の範囲が、グレアム・アリソン（Graham Allison）が『決定の本質』で提示したいわゆる第三（官僚政治）モデルよりはるかに広く、グループの社会的基盤へと及んでいることは特筆すべきで、それによりアメリカ外交の伝統を分析に直接取り込みつつ、トートロジーに陥ることなく、外交思想潮流の間の力関係とその変動を中長期的に予測できる。例えば、経済状況が悪化した場合に最も発言力をもつグループはどこか、前線で何か大きな事件が起きた場合に影響力を失うグループはどれかというようなことである。このアプローチはアメリカ政治についての幅広い知見と深い洞察を外交分析と融合させた好例と言えよう。

　以上の点をふまえ、次節ではアメリカ外交の伝統を念頭に置きつつ、オバ

マの外交理念について、さらにオバマ政権の基本的な外交姿勢について検討してみよう。

3.　オバマの外交理念

　本章の冒頭でふれた勝利の夜から遡ること 2 年前、当時上院議員だったオバマは自著『大いなる希望（*The Audacity of Hope*)』の中でアメリカの外交を支える理想、合意（コンセンサス）、信頼について説いている。そこで、個別具体の政策を論じる前に、まずこの著作を手がかりにオバマの外交理念を読み解いてみよう。

　対外政策についての記述は彼が幼年期を過ごしたインドネシアに蔓延する反米感情に対する危惧と憂いから始まる。そして、アメリカは外交における理想と、国民の合意、そして国際世論からの信頼を取り戻さねばならないと続く。「国民に支持され、世界に理解される明確な戦略がなければ、アメリカは世界をより安全な場所にするために必要な正統性、そして究極的には力を失うだろう」（Obama 2006［棚橋訳 2007］: 303）、と。

　しかし、彼は単なる理想主義者ではない。理想や合意の重要性を強調しながらも、彼は軍事力の必要性を否定しない。アメリカが辺境からの非国家主体による新しい脅威にさらされている今、「望むと望まないとにかかわらず、アメリカをもっと安全な場所にしたければ、世界をより安全な場所にするために力を貸さなければならない」（Obama 2006［棚橋訳 2007］: 304）のであり、必要であればアメリカ軍を派兵することもやむを得ないし、差し迫った脅威があれば単独行動も厭わない。

　つまり、オバマが「対話」を強調するからといって、彼の外交方針を現実主義と対比するのは見当違いである。かといって、彼が現実主義者だというのでもない。

　そのように軍事力か非暴力か、単独行動か国際協調か、現実主義か理想主義かといった方法で政治を語る態度こそ、彼がこの本の中で拒絶しているものに他ならない。「主義」の標榜は実践的でないだけでなく、国論を分裂

させ、討議を滞らせ、政治と国民の間に溝をつくり、政府と国民の信頼関係を掘り崩してしまう。失われた合意や信頼は、実効的な外交をさらに困難にし、ますます国民や世界の人々に不信を蔓延させる。国内の広範な同意と信頼がなければ政府は外交政策に人的・物的資源を投じることはできないし、国民への信頼がなければ政府も大胆な構想を掲げることはできないからである。

すなわち、彼のいう「対話」とは軍事力と対置される概念ではなく、多様な伝統・主義・アイディアの共有へとつながるような、そして軍事力も国際協調もすべて内に取り込むような、より上位の概念としての「対話」なのである。

ゆえに、彼が賞賛するのはハリー・トルーマン（Harry Truman）やディーン・アチソン（Dean Acheson）らが編みだした第二次世界大戦直後の外交戦略である。この賢人たちは高邁な理念を掲げて現実主義と理想主義を巧みに融合させ、国民の合意を形成することに成功した。結果、国民からの強い支持を得つつアメリカは大胆な国際システムの構築に取り組み、核戦争を回避し、大国間の紛争に終止符を打ち、驚くべき経済成長を自国と世界にもたらした。

冷戦の合意が瓦解し、アメリカ外交が輝きを失うのは、ワシントンの人々があらゆるものを反共産主義のレンズを通して語り、それを政争の道具として使ったからだという。イデオロギーを振りかざす傲慢なエリートたちに対する国民の不信は募り、合意も信頼も消え去ってしまった。

9.11 は、大義を失い彷徨うアメリカが、国内および世界で新たな合意を練り上げる千載一遇の機会だったという。彼はあのテロの後「この後に起こるだろうことを期待をこめて待った —— すなわち 21 世紀におけるアメリカの対外政策の発表を」（Obama 2006［棚橋訳 2007］: 292）と回顧している。しかし、ジョージ W. ブッシュ（George W. Bush）政権の独善的で旧態依然とした戦略は彼を失望させた。イラクの失敗は実行の失敗ではなく構想の失敗だ、と彼は言う。

冷戦やイラク戦争の解釈から窺えるように、オバマは一つの主義・主張に

基づいてあらゆる物事を論じ、判断し、政策につなげようとする態度を徹底
的に退ける。普遍的な理想を掲げながらも、彼の議論は「主義」やそれを喧
伝する人々に対する深い懐疑に貫かれている[2]。

　よって、彼の目前にあるアメリカ外交の最大の問題は、政治家や活動家
が保守とリベラルを標榜して政争を繰り返し、国民や世界の人々の合意や
信頼を取り戻すことなく、自らの足元を掘り崩していることだ。アメリカ
にとって最も「対話」が必要な相手は、ウラディミル・プーチン（Vladimir
Putin）でもラウル・カストロ（Raul Castro）でもなくアメリカ自身であり、
アメリカ外交に必要なのは「主義」ではなく「より完全なるユニオン」なの
である。

　もちろん、彼にとって、「主義」を退けることは理想を捨てることを意味
しない。むしろ、政府とアメリカ国民と世界の人々を結びつけるためには普
遍的な目標の共有こそが必要となる。オバマの求めるアメリカ外交の枠組み
とは「第二次世界大戦後のトルーマンの政策の大胆さと広い視野に匹敵する
ような――来る千年の課題と機会の両方を扱うことができ、軍事力を行使す
る際の道しるべとなり、私たちの心の奥深くに根差す理想や理想への献身を
表現するような」（Obama 2006 ［棚橋訳 2007］: 303）ものだ。具体的には、
辺境から市民を狙う脅威から人々の安全と生活を守り、貧困を解決し平等と
公正を実現しようと説く。

　彼にとって、軍事力と合意と信頼は、その中からどれか一つを選ぶもので
はなく、互いを支え合いつつアメリカの力を構成するものだ。国民の広範な
支持と人的・物的資源の提供があれば、より大胆に軍事力を行使できる。軍
事行動や占領を成功裏に進められれば、国民からの信頼を獲得できる。国際
世論、とりわけイスラム世界の信頼を得、アメリカへの挑戦を減らすことが
できれば軍事力の消耗を防ぎ、万が一、軍事行動や占領が必要になった場合
でも同盟国や現地の人々からの支援を得つつ負担を最小限に留められる。同
様に、国際機構や国際規範に則って行動すれば、アメリカへの不信を招きに
くくなり、軍事行動をとる場合でも反発を招きにくくなる、と彼は論じる。

　つまり、オバマの外交戦略の基本はマルチメソッドな抑止にある。安全を

確保するためには、予防的戦争や体制転換ではなく、挑戦者を減らすことが肝要だ。しかも、国家のように領土をもたない辺境からの脅威については、軍事力による反撃の脅しだけではなく、対話を通じて相互理解を深め、国際規範を守り平等や公正を促進してアメリカへの不信と不満を緩和することも抑止の目的に叶う[3]。

　民主党の大統領予備選挙への出馬を表明する少し前に上梓されたこの著作から浮かびあがるのは、分極化の進むアメリカにおいて、さらには外交エスタブリッシュメントが「主義」や「伝統」を競い合わせる中にありながら、理想を掲げつつ中庸を行かんとするオバマの決意である。

　このようなオバマの外交理念は、政権においてどのような政策として結実していったのだろうか。次にこの点について検討していこう。

4.　対話とマルチメソッドな抑止の実践

（1）　オバマの外交理念と個別政策

　オバマ政権期の外交は、まさにオバマ自身の中でアメリカ外交の伝統が融合し、個別政策を導いていたといえる。先に述べた通り、彼の外交の基本は普遍的な目標を共有し、対話を繰り返すことで、違いを乗り越えようとする姿勢だ。このような方針は特に政権初期に際立つ。

　例えば、政権第一期の外交人事はまさに冒頭で述べたような彼の中庸への志向をよく表すものだった。国務長官には大統領選のライバルであり民主党穏健派のヒラリー・クリントンを据え、国防長官には共和党穏健派のロバート・ゲーツ（Robert Gates）を留任させた。国家安全保障担当補佐官には海兵隊出身でジョン・マケイン（John McCain）に親しいといわれるジェームズ・ジョーンズ（James Jones）を起用した。実際の政策決定ではそれほど「開かれた政権」ではないと言われるオバマ政権だが、外交人事においては超党派、特に共和党穏健派を積極的に起用する方針だった（久保編著　2009）。

　すでに述べた通り、具体的な政策では、マルチメソッドな抑止が彼の理念の根幹にある。すなわち、国内の合意を背景にグローバルな脅威からアメリ

カと世界の安全を守ることを目標に据え、軍事力や国際規範といった複数の
メソッドを組み合わせた抑止を行う。

　そこから必然的に導き出される政策アイディアは、①既存の大国間政治に
そぐわない辺境からの脅威に対しては、アメリカへの不信を払拭し信頼を獲
得する方針、②国家間の安全保障問題については、従来通り軍事力による抑
止に比重をおいた政策、となろう。

　ホワイトハウス入りしたオバマは数々の難題に直面するが、それらは主と
して第一にイラク・アフガニスタンでの戦争の終結、第二にグローバルな潜
在的脅威への対処、第三に従来の国家間政治という相互に関連した重点領域
に分けられる。

　特に外交における伝統的な「主義」を融合しようと努めるオバマ外交の試
金石となったのは第二と第三の領域である。というのも、先に述べた通り、
オバマ外交の戦略の中心はマルチメソッドな抑止にあるから、すでに抑止が
失敗し紛争状態にある第一の争点には当てはまりにくいのである。よって、
第一の争点は後に残し、ここでは第二と第三の争点に関わる個別政策につい
てオバマの外交理念を念頭におきつつ見ていこう。

（2）　グローバルな潜在的脅威との「対話」

　イラクとアフガニスタンでの2つの戦争の終結を目指す傍らで、オバマは
グローバルな潜在的な脅威にも対処せねばならなかった。中東での戦争が混
迷を極め、しかもアメリカ国内の経済・財政が疲弊する中で安全を守るため
には、限られた資源を浪費せずに済む環境が必要だからだ。

　この課題に対して、オバマ政権は予防戦争でも体制転換でもなく、「海の
向こうからこの様子を見ている人たち」に蔓延するアメリカへの不信を和ら
げ、信頼を取り戻すことを軸として政策を組み立てている。

　具体的には、オバマが先の著作で提案していた通り、共通のグローバルな
課題に協力して取り組むことを通じて分断を克服しようと試みた。互いの違
いや利害対立を認識しつつも、共通の目的に向かって「対話」を進めようと
する姿勢である。

　例えば、就任半年後にはカイロにて「新たな始まり」と題した演説を行い、「アメリカとイスラムは相容れない存在などではなく競い合う必要もないという真実に基づく」関係の構築を訴えた。その中で彼は共に取り組んでいかねばならない課題を挙げ、未来についての悲観的な意見があることを認めながら次のように締めくくった[4]。

　　　戦争を始めることはそれを終わらせるよりたやすいことです。自らを省みるより他人を責めること、私たちが共有しているものに目を向けるより人と自分が違うところを見つけるのは簡単なことです。しかし、私たちは単に簡単な道ではなく、正しい道を選ばねばなりません。

　オバマの外交姿勢が余すことなく体現された一節である。

　もう一つのハイライトは彼が学生時代より関心を注いできた核不拡散への取り組みだろう。このまさにグローバルな脅威の象徴ともいえる問題について、2009 年 4 月、オバマはチェコのプラハで、国や人々の間にある違いを乗り越え、手を取り合って「核なき世界」を作り出そうと呼びかけた。そして「核保有国として、核兵器を使用したことのある唯一の核保有国として、アメリカは行動する道義的な責任を負っています…だからこそ、今日、私は明確に、信念をもって、アメリカが核兵器のない平和で安全な世界をつくるために身を捧げることを表明します」と明言した[5]。同年 10 月にはノーベル平和賞の授与が報じられた。

　北朝鮮の核問題については 2015 年末の時点で大きな動きは見られないものの、2010 年春にはロシアとの間で新戦略兵器削減条約（New START）が締結され、翌年に無事発効を迎えた。2015 年半ばには長年の懸案だったイランの核問題に関する「最終合意」が達成された。もちろんオバマ政権の取り組みだけが成功の要因ではないが、イランに核武装をほぼ放棄させる歴史的な成果に寄与したことは確かだろう。

　これらに加えて、キューバとの関係では、政権第二期に入ってから渡航制限、禁輸、国交の正常化といった問題について交渉が重ねられ、半世紀以上にわたる断交の解消を達成している。

　国民や世界からの信頼を取り戻すためのもう一つの取り組みは過去の罪の清算である。その最大の争点であるグアンタナモ収容所施設は閉鎖命令にもかかわらず、2015 年末までのところ抑留者移転に対する議会からの反対が強く膠着状態が続く。政権はこれまでも議会による国防予算付帯の同施設関連条項について拒否権の行使をにおわせてきたが、2015 年度はついに行使に踏み切った。大統領はその後、修正法案に署名したが、同条項について「憲法上の権力分立原則を侵害する」ものであるとの署名時声明を発表し、執行には留保をつけた [6]。加えて、同年 12 月には抑留者をさらに削減し、閉鎖に向けた取り組みを進めると表明した。前政権の負の遺産を象徴的する争点なだけに、任期中の閉鎖ないし最低限レベルまでの縮小を目指す動きが今後活発になると思われる。

　もちろん、政権が積極的に取り組まなかった争点も数多くある。例えば、パレスチナ問題や「アラブの春」への対応、北朝鮮の核問題、アフリカの貧困の問題、環境問題である。とりわけリベラルから批判される所以だが、かといってオバマ政権の戦略が一貫性を欠くとまでは言えないだろう。この政権は世界の人々と共通の課題に一致して取り組むことを重視しているが、あくまでも「共通の」脅威が主眼であって、純粋に人道的な政策などはそれに含まれないことには注意すべきである。これは、「共通の」脅威なくしては、アメリカ国内の持続的な合意を得られないからである。その意味では民主化運動などは原則として国内政治体制の問題であり、グローバルな課題と認識されなかった部分があるのではないか。無論、単に対応が後手に回ってしまった場面が多々あったのも事実である。

（3）　アジア太平洋地域への「リバランス」

　国家間の安全保障問題の重心はなんといっても台頭する中国である。ゆえに、力と信頼を組み合わせたオバマ政権の外交戦略が最も鮮明に表れたのは、アジア太平洋地域である。中東などとは違い、伝統的な国家間関係が国際政治のダイナミクスを主に規定している同地域では、必然的に軍事力に比重を置いたアプローチが展開された。

　イラク問題に見通しが立ちつつあった 2011 年末頃より、政権はアジアへの「旋回（pivot）」を打ち出し始めた（例えば、Clinton 2011）。それはすなわち、軍事的な資源を中東からアジア太平洋地域へと移転するのみならず、同地域での経済的な結びつきを強化し、国際的なルールや規範の整備を行うという壮大な戦略であり、その中でしばしば使われた「戦略的安心供与（strategic reassurance）」（例えば、Steinberg 2009）という言葉は、まさに軍事力と信頼による抑止を説くオバマの外交方針を体現しているといえよう。アジア太平洋地域への「旋回」は政権第二期には明言されなくなったとも指摘されるが、政策面の基本路線は変わっていないように見える。

　同地域への「旋回」の当初の中心は、軍事面での抑止力強化であった。まず、中国の海洋進出をにらみ「アジア太平洋地域へのリバランス」（U.S. Department of Defense 2012）、すなわち同地域へのアメリカ軍の配置転換が示された。それと並行して同盟関係の強化が図られ、2015 年 4 月には日米防衛協力の指針（ガイドライン）が、日米の協力体制を地理的に拡大し連携をさらに強化する方向で 18 年ぶりに改訂された。これを受けて日本国内でさまざまな波乱含みの法制度改革が断行されたことは記憶に新しい。

　それを補完するように、開かれた市場や自由で公正な貿易の促進にも取り組んだ。その足掛かりが環太平洋連携協定（TPP）であり、紆余曲折を経ながらも、上院での大統領貿易促進権限を獲得し 2015 年中に大筋合意が達せられた。さらに、航行の自由や法の支配、基本的人権といった国際的なルール・規範を定着させるための取り組みも並行して進められており、同年秋に始まったアメリカ軍による南シナ海での哨戒活動もその一環と考えらえる。

（4）小　括

　以上の通り、グローバルな潜在的脅威や伝統的な国家間対立に関するオバマ政権の政策は、教条的な「主義」を廃しアメリカ外交の諸伝統を融合しつつマルチメソッドな抑止を展開するという彼の外交理念に則しているように思われる。

　このような中庸を求める姿勢は「信念や体系的なヴィジョンを欠く」「ド

クトリンがない」と批判され、彼の慎重さはしばしば「弱腰」と解釈された。しかし、そのような「主義」に囚われないことこそが彼の信念であり、それは彼が上院議員だったころから一貫している。彼の外交が常に信念に裏打ちされた美しい作品だというわけではまったくないが、少なくとも、それはアメリカ外交の伝統に対する彼なりの挑戦の形であるのだろう。

　ただし、外交に関する国民の合意を作り上げるという彼の野望は現在のところまったく実を結んでいない。オバマ政権の外交政策はこれまでも左右両陣営からの厳しい攻撃にさらされてきた。実効性を欠き、アメリカ人の命を危険にさらし、無実の市民の命を奪ったために非難された政策もたくさんある。他方で、多くの批判は彼の「主義」や「対話」をめぐるものである。例えば、ミット・ロムニー（Mitt Romney）がオバマ政権の中国政策を「北京にひれ伏すかのよう」（Romney 2012）だと痛烈に批判したように。

　政権発足から7年、「より完全なるユニオン」への途は果てしなく遠く感じられる。

5. 外交の原因と結果をいかに分析するか

（1）　民主政治と外交

　それでは、オバマ政権の外交はアメリカに、そして世界にどのような帰結をもたらしたのだろうか。彼らの政策は成功だったのか、失敗だったのか。本節では、このような問題を論じるための作法について掘り下げて考えてみたい。

　外交には原因と結果がある。2003年のイラク侵攻の決断を例にとれば、決定に至る大統領や議会、世論を巻き込んだ意思決定過程が一方にあり、侵攻の結果としてのサダム・フセイン（Saddam Hussain）政権の崩壊、占領統治といった帰結がもう一方にある。イギリスの外交官でもあり歴史家でもあったハロルド・ニコルソン（Harold Nicolson）の言葉を借りれば、外交の「立法的」な部分と「執行的」な側面ともいえる（ニコルソン1968）。さらに外交の結果としての国内政治への影響も無視できない。次期大統領の座

を狙うヒラリー・クリントンにとって、上院議員としてイラク戦争へ投じた賛成票が脛の傷であることは衆知のところである。

　言うまでもなく、外交に限らずある政治的事象について、原因と結果は相互に分かちがたく結びついている。政策は「執行」の結果を念頭において「立法」されるものであるし、「執行」には過去や将来の「立法」の影が差すものである。

　しかし、アメリカ外交研究においては、不幸にも、この２つが学問領域として一体的な発展を遂げなかった。その主たる要因は、アメリカの民主的な政治体制にある。近代国際政治に民主主義国家が重要な主体として登場する以前、外交は多くの国においていわゆる国王大権であり、外交の「立法」および「執行」は共に、往々にして君主と彼（女）を取り巻く重臣たちに委ねられた。したがって、政治家を主役とした一続きの物語として外交の原因と結果が描かれることは至って自然なことであった。

　それに対し、アメリカのような民主政体において、外交は政府高官のみならず利益団体や市民をも巻き込んだ国内政治過程の産物であり、またヴェトナム反戦運動をみれば明らかなように、国内の政治動向に深刻な影響を与えることもある。1830 年代にアメリカを訪れたアレクシ・ド・トクヴィル（Alexis de Tocqueville）が名著『アメリカのデモクラシー』の中で「アメリカの民主政治が外交案件の処理に将来どのような能力を育てるかを現在占うことは、はなはだ難しい」（トクヴィル 2005：107）と記したのも無理からぬことであろう。

　ところが民主政体の外交は、専ら国際政治の文脈で論じられ、アメリカの民主政治に関する豊かな見識の蓄積から切り離されてしまった。とりわけ、この傾向は第二次世界大戦後のアメリカの学術界において強く、「アメリカ政治」という研究分野で外交問題は隅に追いやられ、いつしか完全に姿を消した。他方で、合衆国の西部への侵略や南北戦争は、国際政治学における暴力的な領土拡大や内戦の検討対象からは外れてきた。アメリカの思想・社会・制度を正面から見据えつつアメリカ外交を論じ、国際政治上の関心をふまえてアメリカ史の解釈に挑んできたのは、むしろ日本のアメリカ研究者の

方であったかもしれない（例えば、五十嵐 2001；中山 2013；西崎 2004；古矢 2002；村田 2005）。

　分裂が生じた理由としては外交に関する規範的な所見の影響が大きい。トクヴィルが「外交政策には民主政治に固有の資質はほとんど何一つ必要でなく、逆にそれに欠けている資質はほとんどすべて育てることを要求される」（トクヴィル 2005：108）と断じたように、民主政体は外交において他の政体に劣ると評されることが多かった。

　この考えは 1950 年代から 1960 年代にかけて世論に関する科学的な研究に補完され、「気まぐれで不安定な」世論は外交政策の安定的基盤にはおよそなりえないとする、いわゆる「アーモンド・リップマン・コンセンサス」を形成する（Almond 1950, Lippmann 1955, Holsti 1992）。現在でも外交は玄人に委ねられるべきと信じる人々は一定数存在している。このような規範的な見解は、民主政治と外交の相互作用という争点を外交研究の「本流」から遠ざけることに少なからず寄与したように思われる。

　さらに「分析レベル」の峻別を唱える国際政治理論の興隆も民主政治と外交の研究上の分断を助長した。1959 年に出版された『人間・国家・戦争 ―国際政治の 3 つのイメージ』（2013）の中で、ケネス・ウォルツ（Kenneth Waltz）は国際政治を政策決定者や国内政治に「還元」することなく、パワーを構成要素とするシステムとして包括的に分析することを訴えた。このネオ・リアリズムと呼ばれる考え方には、外交とりわけ戦争や同盟は国際システムの産物だという強い主張がある。アナーキー（無政府状態）にある近代国際政治において国家にとっては生き残りこそが至上命題であり、「党派政治は水際で止まる」というわけである。この立場はネオ・リベラリズムからの深刻な挑戦を受けつつも、冷戦という圧倒的な現実に支えられつつ、1980 年代ごろまでアメリカの国際政治学界で主要な地位を占めた。

　その陰で、アリソンの『決定の本質』が先鞭をつけた対外政策論は、独自の分野を形成しつつも周縁化されてしまう。アリソンに続く研究は、国内の産業構造、理念、世論・利益団体、官僚政治・組織、政策決定者のパーソナリティや認知といった国内政治上の重要な要因に光を当てたが、当時の情勢

の中では、国際システムから十分に説明できない「残余」を扱う学問として位置付けられてしまった。

　時を同じくして、外交の包括的な検討を生業としてきたアメリカの外交史家にも不遇の時代が訪れる。多文化主義の実践者やポストモダニストの文筆家らからの厳しい攻撃にさらされた外交史の「凋落」は深刻で、外交史を専門の一つに上げる教員を少なくとも 1 人擁する歴史学部は 1975 年には全米の 75％に上ったが、2005 年には 46％まで下がってしまった（Townsend 2007）。幾度も「ルネサンス」が宣言されながらも、今も外交史家たちは「政治的に正しい」歴史を標榜する人々からの批判の声と、外交史だけが「足踏みしている」という自責の念から完全には立ち直れずにいる（例えば、Trachtenberg 2013）。この分野ではむしろ日本の研究者の方が、新鮮な視点と多様な史料を柔軟に取り入れながら水準の高い業績を輩出してきたように思われる（例えば、佐橋 2015；森 2009）。

（2）　外交の原因と結果をつむぎ合わせる

　このような外交の原因と結果に関する研究の分断は、ネオ・リアリストが国際政治学における支配的な地位を明け渡し、国際政治学に「イズムの終焉」が訪れたことで打破されつつある。

　変化の理由としては、主に彼らの議論が冷戦後の世界について有効な指針や説明を提供できなかったことが大きい。2003 年のイラク侵攻に際して、この一派の代表的論客であるスティーブン・ウォルト（Stephen Walt）とジョン・ミアシャイマー（John Mearsheimer）らが「イスラエル・ロビー」と呼ぶ国内勢力を戦争の推進力として批判したことは、事実上の敗北宣言であった（ミアシャイマー，ウォルト 2007）。

　代わって国際政治学界で台頭したのは、戦略的相互依存を中心に据えた分析視角と研究手法で、それにより民主政治と外交の研究上の壁は急速に瓦解しつつある。国際政治を構成するさまざまな行為主体は、自らが望むものを手に入れるためには他の主体がどのように行動するかを考慮にいれなければならないという意味で、相互に依存した関係にある。したがって、行為主体

　の行動とその社会的な帰結は、共にその主体のアイデンティティ（選好や信念）と環境的制約（制度や情報）から説明される。よってこのアプローチにおいては、分析レベルや安全保障と経済、国際政治と政治学の他の分野を区別する必要はなく、外交の原因と結果は一連の過程の中で分析される（例えば、Lakc, Powell 1999）。

　特に、民主政治下の外交に関する再評価を牽引したのは民主的平和論の研究者たちである。観衆費用理論やセレクトレート理論といった重要な業績により、民主的に選ばれた政治指導者が平和的な紛争の解決に寄与するメカニズム、比較的平等な権力構造をもつ国がより武力行使に慎重である一方で一度始めた戦争では徹底的に戦うメカニズムといったものが解明されてきた。

　これらの研究はキューバ危機におけるジョン F. ケネディ（John F. Kennedy）の演説やヴェトナム戦争後のワインバーガー・ドクトリンを手掛かりとしつつ発展してきたもので、アメリカがなぜ特定の政策を採りやすいか、いかなる国際的な現象をもたらしやすいのかが徐々に分かってきた（例えば、Fearon 1994 ; Smith 1998 ; Bueno De Mesquita, Smith 2003）。

　とはいえ、民主政体の外交の原因とその帰結の関連についての科学的な研究は未だ発展途上であり、解明されていない課題が山積みである。特に非国家主体との紛争に関する研究は近年増加しているものの、今後もさらなる研究の進展が期待される。

　また、国内政治はより明示的に外交研究に取り入れられるようになってきたとはいえ、アメリカ政治や対外政策論の研究者からみれば、国内のダイナミクスをより豊かに、かつ魅力的に描き出す余地は大いにある。さらに、これらの外交に関する一般的な知見を前提としつつも、主体やアリーナが「アメリカ」やその一部であることの意味を読み込んでいくことでより深みのある研究が可能になるだろう。

6.　おわりに —— オバマ外交の帰結

（1）　対話の効果？

　オバマ政権の外交がいかなる結果をもたらしたかを現時点で判断することはかなりの難問である。それは、国際情勢が刻一刻と変化するものであるということ以上に、前節で述べた通り、政権が直面しているような課題を分析するための枠組みが未だ発展途上だからでもある。

　例えば、第四節で論じたような対話やマルチメソッドな抑止の効果についてはどのようなことが言えるだろうか。一般に抑止の効果を測ることは容易ではない。一見するとわかりやすい同盟による抑止のメカニズムであっても、実際の効果をめぐっては1980年代から現在に至るまで研究者が喧々諤々している状況である（最近の研究としては Kenwick, Vasquez, Powers 2015）。

　抑止の効果を測る難しさは、それが成功した場合には何も起こらないという事実による。抑止は成功している時には気付かれず、失敗した時に初めて意識されるという政治家泣かせの戦略なのである。例えば、一度危機が起こったからといって同盟の効果がないと判断するのは見当違いで、抑止の効果を正しく計測するためには、同盟がなかった場合の潜在的な危機の数と実際の数を比較する必要がある。同盟がなければもっとたくさん危機が起こっていたところ、同盟のおかげで一度の危機で済んだのかもしれないからである。

　その意味で、アメリカへの不満や不信を減らしていくという戦略は、同盟などと比べても極めて効果を確認しにくいものといえる。例えば、オバマのカイロ演説はムスリムの人々に好意的に受け止められ、中東におけるアメリカのイメージは一時的に好転した。しかし、オバマへの期待は徐々に減退し、現在の世論調査やシリアでの情勢を見るに、持続的な変化をもたらしてはいないように思える。

　他方、レバノンやパレスチナではアメリカに好意的なイメージをもつ若者

は、50 歳以上の層に比べて 10％以上増加している（Pew Research Center 2015）。テロリストグループの潜在的メンバーを考えれば、若者の間でのイメージの向上は大きな意味をもつ。オバマの「対話」がどこまで辺境に生きる若者たちとの相互理解に貢献したのか、例えばテロリストグループのリクルートにいかに影響を与えたのか、厳密な検証をしてみたいものである。

（2）　終わらなかった戦い

　2008 年の大統領選挙でオバマが最も重要な外交争点として挙げたのは、混迷を極めるアフガニスタンとイラクでの 2 つの戦争を終わらせることであった。しかし、アフガニスタンとイラクで何をなすべきか、明確な答えを出すことはオバマ政権にとって、そして研究者らにとっても極めて難しい。

　その困難は「主義」に否定的な態度をとり中庸と実践を重視するオバマだからこそいっそう大きい。彼の態度は民主的平和論を民主化による平和と読み替えイラクへ侵攻した先の政権とは対照的である[7]。この問題において、「主義」を否定するオバマの態度は「イズム」を乗り越えようとする研究者らの姿に重なる。

　まずアフガニスタンに関して、オバマは選挙中からイラク戦争とは違い「正統性のある」アルカイダ（al-Qaʼida）掃討作戦を重視する姿勢を打ち出しており、就任わずか 1 カ月で 1 万 7,000 人の増派を決定した。就任時には 3 万人程度だった駐留軍は政権 1 年目の終わりにはおよそ倍に、その後 10 万人規模にまで拡大した。2011 年 5 月には特殊部隊によるオサマ・ビン・ラディン（Osama bin Laden）の殺害が発表され、軍の漸進的な撤退と撤退後を見据えた戦略パートナシップ協定の整備が進められている。2014 年には任期中の完全撤退、約 13 年にわたるアフガニスタンでの戦闘任務の完了が相次いで宣言された。2015 年時点で駐留軍は 1 万人以下にまで縮小されている。

　ところが、アフガニスタン情勢は安定しておらず、反政府勢力タリバンの力が回復しつつある。政権は 2015 年 10 月には早くも撤退方針を見直し、2017 年以降も駐留を継続する方針を示している。オバマの任期中にアフガニスタンからの完全撤退は叶わないことになる。

　イラクについては、オバマは選挙キャンペーン中から「大統領就任のその日から私はわが軍に新しい任務、すなわち、この戦争を終わらせるという任務を与えるつもりだ」と明言していた[8]。公約通り、2011 年末にはイラクからのアメリカ軍完全撤退が発表された。しかし、依然として脆弱なイラク政権を支えねばならないことに変わりはなく、アメリカのイラクへの関与が終わったわけではない。

　特に 2014 年 6 月にモスルがイスラム国（Islamic State in Iraq and the Levant）の手に落ちると、オバマ政権は再びイラクでの戦争に深く関与することを否定しながらも、訓練・指導の名目でただちに軍事顧問・部隊を派遣し、夏には限定的な空爆の再開を表明した。これらの方策は局所的な成功を収めつつも、イスラム国を抑えこむには至っていない。2015 年 12 月 1 日、オバマ政権はイラクへの特殊部隊の派遣を発表した。

　シリアの情勢も目に見えて悪化している。「アラブの春」以降、バッシャール・アサド（Bassar al-Asad）政権に対する非難声明や経済制裁を行いつつも、オバマ政権はシリアへの軍事介入には極めて慎重であった。アサド政権が市民に対して化学兵器を使用した時も、以前にそれを「レッドライン」と呼んだにもかかわらず[9]、議会に武力行使の承認を求めた後で軍事行動を断念した。

　代わりに、空爆の棚上げを交渉カードとしてロシアからシリアの化学兵器破棄への合意を引き出した。同国の政治情勢をめぐってはアメリカとロシアが協調できる余地はほとんどないが、ロシアが反対しにくいこの争点を取り上げたのは、共通の目的に向けて協力するところから関係を構築しようとするオバマらしいアプローチである。

　シリアが抱えるもう一つの問題は言うまでもなくイスラム国の拡大である。内戦状態へと陥っていたシリアでは 2013 年から 2014 年にかけて北部を中心にイスラム国が影響力を広げていく。イラクでのモスル陥落後、2014 年 8 月 8 日にはシリアへの空爆を大統領権限にて開始。シリアの反体制穏健派を訓練するプログラムを始動させ、翌年 7 月には彼らをヨルダンからシリアに向けて潜入させたが失敗に終わる。秋にはロシアがアサドの支援を強化

したため事態はますます混迷を極め、深刻な難民問題も発生した。

　さらにはアメリカ人の人質が殺害されるといった痛ましい出来事が相次ぎ、11月にはベイルート、パリでのテロ、12月初めにはロスアンジェルス近郊のサン・バーナディーノでも12人が死亡する銃乱射事件が起こった。犯人は急進的思想をもつグループとみられている。フランスを含む有志連合による空爆もイスラム国の根を断つには至っていない。むしろイラクやシリアを脱してリビアをはじめとする他の地域に拡散しているとも指摘されている。

　現在のところオバマ政権の政策は空爆と武器・弾薬の供与を中心に据えたものである。この選択は国内、とりわけ議会からの支持が得られない状況で地上軍を派遣できないためである。対反乱作戦についての研究は発展途上だが、空爆の効果を否定する研究もある。例えば、市民を巻き込むような無差別の空爆は市民を離反させ、かえって反乱勢力の力を増してしまうという（Kocher, Pepinsky, Kalyvas 2011）。現実に、アフガニスタンの病院への誤爆を含め、アメリカら有志連合によるイラクやシリアの空爆でも市民の巻き添えが報告されており、空爆の継続には疑問の声もある。

　サン・バーナディーノでのテロ事件を受け、ホワイトハウスは2015年12月6日午後8時より大統領がテロについて演説を行うことを発表した。日曜日のプライムタイムに執務室で演説を行うのは異例のことである。その中でオバマは「テロリズムのより広範な脅威について、さらにその脅威がどこから来るのか、それがどのように拡大してきたのか、それをいかに打ち倒すか」について述べる予定だという[10]。

　オバマの、そしてポスト・オバマのアメリカの手探りの歩みは、外交研究者の挑戦と共に続いていく。

注

1)　Obama, Barack（2008）Remarks by the President-elect on Election Night, Chicago, 4 November 2008〈http://edition.cnn.com/2008/POLITICS/11/04/obama.transcript/〉

2015 年 12 月 6 日アクセス.

2)　オバマのプラグマティズムについてより詳しくはクロッペンバーグ（2012）も参照のこと。

3)　このような総合的な力は後に「スマート・パワー」と表現されることもあった。

4)　Obama, Barack（2009）"A New Beginning," Remarks by President Barack Obama, Cairo, 4 June 2009〈https://www.whitehouse.gov/blog/NewBeginning/transcripts〉2015 年 12 月 6 日アクセス.

5)　Obama, Barack（2009a）Remarks by President Barack Obama, Prague, 5 April 2009〈https://www.whitehouse.gov/the-press-office/remarks-president-barack-obama-prague-delivered〉2015 年 12 月 6 日アクセス.

6)　Obama, Barack（2015）Statement by the President on Signing into law S. 1356, Washington D.C., 25 November 2015〈https://www.whitehouse.gov/the-press-office/2015/11/25/statement-president〉2015 年 12 月 6 日アクセス.

7)　民主的平和論が少なからずイラク侵攻の正当化論理として使われたことは多くの研究者に衝撃を与えた（Owen 2005）。民主国家同士は大規模な戦争をしないという議論と民主化すれば平和になるという命題の間には大きな飛躍がある。

8)　Obama, Barack（2008）"A New Strategy for A New World," Remarks by Senator Barack Obama（D-IL）, Washington D.C. 15 November 2008〈http://www.c-span.org/video/?206404-1/obama-speech-foreign-policy〉2015 年 12 月 6 日アクセス.

9)　Obama, Barack（2012）Remarks by the President to the White House Press Corps, Washington D.C. 20 August 2012〈https://www.whitehouse.gov/the-press-office/2012/08/20/remarks-president-white-house-press-corps〉2015 年 12 月 6 日アクセス.

10)　The White House（2015）Statement by the Press Secretary, 5 December 2015〈https://www.whitehouse.gov/the-press-office/2015/12/05/statement-press-secretary〉2016 年 1 月 5 日アクセス.

参考文献一覧

外国語文献

Almond, Gabriel（1950）The American People and Foreign Policy, New York: Praeger.

Bueno De Mesquita, Bruce, A. Smith（2003）*The Logic of Political Survival*, Massachusetts: MIT Press.

Clinton, Hillary（2011）"America's Pacific Century," *Foreign Affairs*, October 2011.

Fearon, James D.（1994）"Domestic Political Audiences and the Escalation of International Disputes," *American Political Science Review*, 88（3）: 577-592.

Holsti, Ole R.（1992）"Public Opinion and Foreign Policy: Challenges to the Almond-

Lippmann Consensus," *International Studies Quarterly*, 36: 439-466.

Kenwick, M. R., J. A. Vasquez, and M. A. Powers (2015) "Do Alliances Really Deter?" *The Journal of Politics*, 77 (4): 943-954.

Kocher, M. A., T. B. Pepinsky, and S. N. Kalyvas (2011) "Aerial Bombing and Counterinsurgency in the Vietnam War," *American Journal of Political Science*, 55: 201-218.

Lake, David A., R. Powell eds. (1999) *Strategic Choice and International Relations*, New Jersey: Princeton UP.

Lippmann, Walter (1955) Essays in the Public Philosophy, Massachusetts: Little, Brown.

Mead, Walter R. (2002) *Special Providence: American Foreign Policy and How It Changed the World*, London: Routledge.

Obama, Barack (2006) *The Audacity of Hope: Thoughts on Reclaiming the American Dream*, New York: Three Rivers Press.

Owen IV, John M. (2005) "Iraq and the Democratic Peace," *Foreign Affairs*, 84 (November/December): 122-127.

Pew Research Center (2015) "Global public back U.S. on fighting ISIS, but are critical of post-9/11 torture." ⟨http://www.pewglobal.org/2015/06/23/1-americas-global-image/⟩, 2015 年 12 月 6 日アクセス.

Romney, Mitt (2012) "How I'll respond to China's Rising Power," *The Wall Street Journal*, February 16.

Smith, Alastair (1998) "International Crises and Domestic Politics," *American Political Science Review*, 92 (3): 623-638.

Steinberg, James B. (2009) "Administration's Vison of the U.S.-China Relationship," Keynote Address by Deputy Secretary of State on the Center for a New American Security, Washington D.C., 24 September 2009.

Townsend, Robert B. (2007) "What's In a Label? Changing Patterns of Faculty Specialization since 1975," *Perspective on History*, 45 (1): 12-14.

Trachtenberg, Marc (2013) "The State of International History," *E-International Relations*. ⟨http://www.e-ir.info/2013/03/09/the-state-of-international-history/⟩, 2015 年 12 月 6 日アクセス.

The U.S. Department of Defense (2012) *Sustaining U.S. Global Leadership: Priorities for 21st Century Defense*, January.

日本語文献

アリソン、グレアム・T.（1977）『決定の本質 ── キューバ・ミサイル危機の分析』（宮里政玄訳）、中央公論新社

五十嵐武士（2001）『覇権国アメリカの再編 ── 冷戦後の変革と政治的伝統』東京大学出版会

ウォルツ、ケネス（2013）『人間・国家・戦争 ── 国際政治の 3 つのイメージ』（渡邉昭夫・岡垣知子訳）、勁草書房

オバマ、バラク（2007）『合衆国再生 ── 大いなる希望を抱いて』（棚橋志行訳）、ダイヤモンド社

久保文明編（2007）『アメリカ外交の諸潮流 ── リベラルから保守まで』日本国際問題研究所

── 編著（2009）『オバマ大統領を支える高官たち ── 政権移行と政治任用の研究』日本評論社

クロッペンバーグ、ジェイムズ（2012）『オバマを読む ── アメリカ政治思想の文脈』（古矢旬・中野勝郎訳）、岩波書店

佐橋亮（2015）『共存の模索 ── アメリカと「二つの中国」の冷戦史』勁草書房

トクヴィル、アレクシ・ド（2005）『アメリカのデモクラシー第 1 巻（下）』（松本礼二訳）、岩波書店

ニコルソン、ハロルド（1968）『外交』（斎藤眞・深谷満雄訳）、東京大学出版会

中山俊宏（2013）『介入するアメリカ ── 理念国家の世界観』勁草書房

西崎文子（2004）『アメリカ外交とは何か ── 歴史の中の自画像』岩波書店

古矢旬（2002）『アメリカニズム ──「普遍国家」のナショナリズム』東京大学出版会

ミアシャイマー、ジョン・J、スティーブン・ウォルト（2007）『イスラエル・ロビーとアメリカの外交政策』（副島隆彦訳）、講談社

村田晃嗣（2005）『アメリカ外交』講談社

森聡（2009）『ヴェトナム戦争と同盟外交 ── 英仏の外交とアメリカの選択 1964-1968 年』東京大学出版会

あ と が き

　本書の執筆が終わりに差し掛かった時点（2015年3月末）で、共和党の大統領予備選挙ではドナルド・トランプがフロント・ランナーとしての地位を着々と固めつつある。他方、民主党ではバーニー・サンダーズが先頭を走るヒラリー・クリントンを追い上げている状況である。

　最終的に予備選挙で勝利するのは誰なのか、そして本選挙で勝利するのは誰なのか。現在はまだはっきりとはわからない。だが、結果がどうであれ、当初は泡沫候補に過ぎないと思われていたこの2人がここまでの「善戦」を見せたことはまぎれもない事実である。このような想定外の現象がなぜ起こったのか、そして、それが今後のアメリカ政治にどのような影響を及ぼすのか、学術的な観点から真剣に考えてみることが必要であろう。

　本書ではさまざまな角度から、オバマ政権が実施してきたこと、そして実施することができなかったことについて論じてきた。本書全体を通じて特に意識したことは、長期的なアメリカの変化の中にオバマ政権を位置付け、その意義を考えることであった。

　日本では、アメリカの大統領はきわめて大きな権力を握っていると素朴に考えているものが少なくない。だが、実際にはアメリカの政治システムは分権化されており、大統領個人が直接リーダーシップを発揮できる場は限定されている。

　オバマ大統領が"Change"を訴えても、期待されたほどの変化が起こらなかったのはオバマ個人の政治戦略にも問題があったということもあろう。しかし、何よりもこのような分権化された政治システム、そしてそのような政治システムの特性を利用して自己の利益拡大を目指す政治アクターがオバマによる改革の障壁となった点も見落としてはならない。

　その意味では、たとえトランプやサンダーズが大統領になっても、アメリカ政治にただちに「革命的な変化」が起きるとは想定しがたい。

　アメリカ政治の現状を理解し、未来を見通すためには、政治制度、政治アクター、政策がどのように歴史的に変化したのかを捉え、そのうえで現在進行形の政治変化を冷静に把握し、分析を重ねることが重要である。

　本書が8年に及んだオバマ政権を総括するだけでなく、多くの読者にとって2017年以降のアメリカ政治を考えるうえでの手がかりとなってくれれば、編者にとって望外の喜びである。

　本書が全体的に調和のとれた編著にうまく仕上がっているかどうかは読者の方々のご判断にお任せするよりほかにない。

　このようなスタイルの本を編むときには、しばしば大きな苦労を伴う。しかし、本書の編纂する際に編者2人にそのような苦労はまったくなかった。それぞれの専門も得意とする研究方法も大いに異なる本書の執筆陣であるが、「あ、うん」の呼吸でこのプロジェクトに取り組み、全員一丸となって迅速に作業を進めることができた。

　この優れたチームワークは、編者・執筆者全員が同じゼミの門下生であるという「強い絆」が生み出したものである。

　恩師である久保文明先生（東京大学大学院法学政治学研究科教授）には、編者・執筆者一同はこれまで言葉には言い尽くせないほどの学恩を賜ってきた。

　久保文明先生のご指導を通じて、我々全員が学問に対する絶えざる情熱、優れた後学を育成して日本のアメリカ政治研究全体の発展に寄与する真摯な姿勢など、多くのことを学ばせていただいた。我々ゼミ生が世代を超えて交流を持ち、ささやかながら本書を編むことが可能となったのも、すべて先生が育成してこられた人の輪によるものである。

　大変ささやかではあるが、今年還暦を迎えられる久保文明先生に、これまでの学恩に謝するとともに、ますますのご活躍をお祈りするものとして、執筆者一同より本書を捧げたい。

2015年3月31日

山岸　敬和・西川　賢

索　引

著 者 紹 介

編著者紹介

山岸 敬和 （やまぎし・たかかず）：序章、第 7 章を執筆。

　　南山大学外国語学部英米学科教授。ジョンズ・ホプキンス大学博士課程修了、
Ph.D.（Political Science）

　　主要業績

1.　山岸敬和『アメリカ医療制度の政治史 — 20 世紀の経験とオバマケア』（名古屋大学
　　出版会、2014 年）

2.　山岸敬和、Michael Callaghan Pisapia『American Politics from American and Japanese
　　Perspectives — 英語と日米比較で学ぶアメリカ政治』（大学教育出版、2013 年）

3.　Takakazu Yamagishi, *War and Health Insurance Policy in Japan and the United
　　States: World War II to Postwar Reconstruction,*（Johns Hopkins University Press,
　　2011）

西川 　賢 （にしかわ・まさる）：序章、第 3 章を執筆。

　　津田塾大学学芸学部国際関係学科准教授。慶應義塾大学大学院後期博士課程修了、博
士（法学）

　　主要業績

1.　西川賢『ニューディール期民主党の変容 — 政党組織・集票構造・利益誘導』（慶應
　　義塾大学出版会、2008 年）

2.　西川賢『分極化するアメリカとその起源 — 共和党中道路線の盛衰』（千倉書房、
　　2015 年）

3.　ゲイリー・ガーツ、ジェイムズ・マホニー『社会科学のパラダイム論争 — 二つの文
　　化の物語』西川賢・今井真士訳（勁草書房、2015 年）

執筆者紹介 （五十音順）

荒木 圭子 （あらき・けいこ）：第 6 章を執筆。

　　東海大学教養学部国際学科准教授。カリフォルニア大学バークレー校博士前期課程修
了、M.A.（African American Studies）、慶應義塾大学大学院法学研究科博士課程単位
取得満期退学

主要業績

1. Keiko Araki, "Africa for Africans and Asia for Asians: Japanese Pan-Asianism and Its Impact in the Post-World War I Era," Kendahl Radcliffe, Jennifer Scott, and Anja Werner eds., *Anywhere But Here: Black Intellectuals in the Atlantic World and Beyond*（University Press of Mississippi, 2015）
2. 荒木圭子「パン・アフリカニズムとアフリカ」東海大学教養学部国際学科編『第4版　国際学のすすめ』（東海大学出版会、2013 年）
3. 荒木圭子「アフリカ正教会とその南アフリカへの波及 ― 環大西洋地域における『黒人世界』の展開 ―」『東海大学教養学部紀要』第 43 輯（2013 年）

梅川　健　（うめかわ・たけし）：第 1 章を執筆。

　　首都大学東京都市教養学部法学系准教授。東京大学大学院法学政治学研究科博士課程修了、博士（法学）

　　主要業績

1. 梅川健『大統領が変えるアメリカの三権分立制 ― 署名時声明をめぐる議会との攻防』（東京大学出版会、2015 年）
2. 梅川健「ティーパーティ運動と『憲法保守』」久保文明編『ティーパーティ運動の研究 ― アメリカ保守主義の変容』（NTT 出版、2012 年）
3. 梅川健「過去の政権移行はどのように行われたか」久保文明編『オバマ大統領を支える高官たち ― 政権移行と政治任用の研究』（日本評論社、2009 年）

清原　聖子　（きよはら・しょうこ）：第 4 章を執筆。

　　明治大学情報コミュニケーション学部准教授。慶應義塾大学大学院法学研究科博士課程単位取得退学、博士（法学）

　　主要業績

1. 清原聖子、前嶋和弘編著『ネット選挙が変える政治と社会 ― 日米韓に見る新たな「公共圏」の姿』（慶應義塾大学出版会、2013 年）
2. 清原聖子、前嶋和弘編著『インターネットが変える選挙 ― 米韓比較と日本の展望』（慶應義塾大学出版会、2011 年）
3. 清原聖子『現代アメリカのテレコミュニケーション政策過程 ― ユニバーサル・サービス基金の改革』（慶應義塾大学出版会、2008 年）

小濱 祥子 （こはま・しょうこ）：第8章を執筆。

北海道大学公共政策大学院准教授。ヴァージニア大学博士課程修了、Ph.D.（Foreign Affairs）

主要業績

1. 小濱祥子「国際危機における単独防衛 ─ 効果とメカニズム」『国際政治』181 号（2015 年）74-88 頁

2. Shoko Kohama, *Peace and Violence after Conflict* （Ph.D. Dissertation submitted to University of Virginia, 2014）

3. 小浜祥子「アメリカのアラブ・イスラエル政策にみる中東秩序論、1963-70 年」『国家学会雑誌』第 121 巻・第 9・10 号（2008 年）109-169 頁

菅原 和行 （すがわら・かずゆき）：第2章を執筆。

釧路公立大学経済学部准教授。慶應義塾大学大学院法学研究科後期博士課程単位取得退学、博士（法学）

主要業績

1. 菅原和行『アメリカ都市政治と官僚制 ─ 公務員制度改革の政治過程』（慶應義塾大学出版会、2010 年）

2. 菅原和行「アメリカ政治任用制の過去と現在」久保文明編著『オバマ大統領を支える高官たち ─ 政権移行と政治任用の研究』（日本評論社、2009 年）

3. 菅原和行「現代アメリカの行政機関とマイノリティ集団 ─ 多民族社会における官僚制のあり方とは」久保文明、松岡泰、西山隆行、東京財団「現代アメリカ」プロジェクト編著『マイノリティが変えるアメリカ政治 ─ 多民族社会の現状と将来』（NTT 出版、2012 年）

宮田 智之 （みやた・ともゆき）：第5章を執筆。

帝京大学法学部講師。慶應義塾大学大学院法学研究科後期博士課程単位取得退学、博士（法学）

主要業績

1. 宮田智之「政治インフラの形成と財団」久保文明編『アメリカ政治を支えるもの ─ 政治的インフラストラクチャーの研究』（日本国際問題研究所、2010 年）

2. 宮田智之「ティーパーティ運動の一つの背景」久保文明、東京財団「現代アメリカ」プロジェクト編『ティーパーティ運動の研究 ─ アメリカ保守主義の変容』（NTT 出版、2012 年）

3. 宮田智之「アメリカにおけるシンクタンクの政治的影響力 ─ 教育改革を事例に」『東京大学アメリカ太平洋研究』第 13 号（2013 年）

ポスト・オバマのアメリカ

2016 年 7 月 10 日　初版第 1 刷発行

■編 著 者——山岸敬和・西川　賢
■発 行 者——佐藤　守
■発 行 所——株式会社 大学教育出版
　　　　　　　〒 700-0953　岡山市南区西市 855-4
　　　　　　　電話（086）244-1268　FAX（086）246-0294
■印刷製本——モリモト印刷 ㈱

ISBN978−4−86429−398−3